心理学に学ぶ

鏡の傾聴

心理カウンセラー、傾聴講師、
一般社団法人 日本傾聴能力開発協会 代表理事

岩松 正史

はじめに

本書を手にしてくださり、ありがとうございます。

岩松正史です。

私は、20年間、傾聴を専門にしている心理カウンセラーです。

もともと会社員として社内で傾聴教育の部門を立ち上げて責任者をしていましたが、2015年に一般社団法人 日本傾聴能力開発協会を立ち上げて独立しました。

今は同協会の代表理事として、認定傾聴サポーターや講師の育成をしています。


この本は、傾聴に困っている傾聴迷子の人にぜひ読んでもらいたいと思い書きました。


「いい傾聴は、聴く人を楽にする」

この本の主訴は、この一点に集約されています。

いい傾聴は、聴く人を必ず楽にしてくれます。

その理由については、後ほどわかっていただけるでしょう。

あなたがもし、自分の聴き方に苦しさや疑問を感じているのなら、その感覚はおそらく正解です。

傾聴は難しく大変なもの。そう感じている人は、大抵どこかがおかしくなっています。

なぜなら、いい傾聴をしている最中は苦しさや疑問は皆無だからです。

傾聴を学んでみたけれど、学べば学ぶほど混乱し困って抜け出せなくなっている人を、私は「傾聴迷子」と勝手に呼んでいます。

この本にはそんな、不本意ながら傾聴迷子になってしまった人が迷路から脱出し、楽に聴けるようになるための具体的な方法が書かれています。

自己紹介をもう少しします。

私は31歳で傾聴を伝え始め、傾聴の講座を今まで千回以上も開催し、1万人程にお伝えしてきた傾聴専門の講師です。

そしてなんと、傾聴を学び始めてたった2か月後には教え始めてしまった、ふとどき者でもあります。

そんな無謀な挑戦を始めた理由は、そうすることが傾聴を一日でも早く身につけるのに一番いい方法だと思ったからです。

傾聴の先生になれば一生懸命勉強するしかありません。

転職に失敗し、もう後がないと追いつめられていたため、傾聴で勝負をすると決めた以上一日も早く傾聴がうまくなる必要がありました。

おかげで当初のトラブルだらけだった頃も今ではいい思い出ですが、当時のお客さんたちには申し訳なかったと猛省しています。

でも、失敗の経験を早めにできたおかげで20年間、傾聴に特化した教育を続けることができました。

今まで千回以上の研修で1万人程に傾聴をお伝えしてきたと聞くと、驚かれたり疑われたりするかもしれませんが、これは本当です。

新型コロナ騒動前の２０１８年は、朝から夕方までの終日研修だけで年１６４回開催しました。

2時間程度の短い研修を入れたら、もっと数は増えます。

最近でも定期的に傾聴を伝える場が月15回はあるので、それだけで年間１８０回は傾聴についてお伝えしている計算です。

こうして数えると、千回１万人というのはかなり控えめな数字になります。

でも、数えきれないのでそのように言っています。

経験の多さだけが裏づけにはなりませんが、さすがに20年もやっているとみなさんがはまりそうな傾聴の落とし穴のパターンが見えてきます。

そして、その落とし穴は私自身が過去に落ちたことがある穴だったりします。

中には、はい上がるのに相当苦労した穴もありました。

この本ではそのような経験をふまえてお話するので、今まで傾聴を勉強してきた人でも「なるほど、そういうことだったのか」とはじめて気づくこともあるでしょう。

中には「しまった！　今まで間違っていた」と慌てる人もいるかもしれません。

本書は主に傾聴の学習経験者を想定して書いていますが、これから学ぼうとしている初心者が読んでも十分参考になります。

なぜなら、いい聴き方ができるようになるためのポイントは、過去の経験の有無にかかわらないからです。

聴くことは難しいと感じている人も、安心してください。

それはまだ傾聴をよく理解できていないだけか、今まで知る機会がなかったからにすぎないので心配はいりません。

耳の向け方、聴きとり方、応答の仕方……と、確かに傾聴は日常的な聴き方とは違うので、慣れるまで大変な部分があります。

でも、ポイントを押さえれば、誰にでもできるようになります。

今から始めれば十分に慣れることができますし、誰でも傾聴上手になれます。

古い習慣も新しい習慣で上書きすれば、新しい習慣が当たり前に感じられるようになります。

例えば、長年慣れ親しんだガラパゴス携帯(以下、ガラケー)からスマートフォン(以下、スマホ)に替えたときのことを思い出してみてください。スマホにはガラケーと違いボタンがないので、使い始めの頃は画面をタッチすることに違和感を覚えたことでしょう。

ところが、今はどうでしょうか？

ガラケーのボタンのほうに違和感を覚えるに違いありません。

傾聴が難しいのではなくて傾聴をまだよく知らないから難しく感じるだけ、慣れていないだけのことです。

そう思えば少し気持ちが楽になりませんか？

そもそも、あなたの中には傾聴できる力がすでに備わっています。

今この段階でそういっても信じられないでしょうが、読み進めれば納得してもらえるはずです。

この本を読み終わる頃には、あなたの目を覆い隠していた今までの常識という名の霧が晴れ、新しい傾聴の世界で視界良好になっていることでしょう。

２０２４年5月　岩松正史

目次

はじめに……ii

第1章 傾聴迷子が増え続けている

傾聴ブーム到来……2
傾聴迷子度チェック……5
傾聴迷子の4つの特徴……10
①学習経験がある
②情報のつまみ食いをしがち
③一貫した指導を受けたことがない
④他人の意見を聞き流せない
傾聴迷子から脱出する3つの方法……15
混乱からの脱出法① 自分軸で聴く
混乱からの脱出法② 効果的な学習法で学ぶ
混乱からの脱出法③ 傾聴をよく知る
傾聴の効果的な学習法……26
効果的な学習① 体験学習を増やす

効果的な学習② 理論を絞る
効果的な学習③ 個別の指導を受ける
効果的な学習④ 課題を決めて練習する
効果的な学習⑤ 誰かのマネをする
効果的な学習⑥ 仲間内の練習会にはあまり参加しない

第2章 傾聴迷子は、カウンセラーの中にもいる

専門家が、必ず傾聴ができるわけではない……36
キャリアコンサルタントは「テンプレート」で聴く
臨床心理士でも「実習をしていない」可能性がある
公認心理師はそもそも「聴く練習をしていない」
精神科医は「診断と治療」を目的に聴く
看護師は「効率重視」の聴き方になりがち
傾聴研修を受けたビジネスパーソンは「役割」で聴く
コールセンターのオペレーターは「事柄中心」に聴く
傾聴ボランティアは「真心だけ」で聴く
自己満足度が高い「隠れ傾聴迷子」
話し手を「ただの人」と思ってみる……44
見かけより中身を想像してみる
肩書より中身を信じる
「ただの人思考」で楽な気持ちになる
事実と気持ちは分けて考える
—傾聴の研修でよく出る質問

第3章　傾聴がもつ「5つの鏡」

傾聴されることで得られる、3つの効果……56

①話す効果

②理解される効果

傾聴で必要な欲求

③自立が促される効果

傾聴の目的は、話し手自身が自分を傾聴できるようになること

話をそのまま聴く……66

聴き手は、話し手の鏡になる

①体験の鏡

②確認の鏡

③内省の鏡

④関係の鏡

⑤態度の鏡

―〈参考〉人間の心の中にある、さまざまな鏡の関係

―〈13の心理学用語〉心を守る無意識の働き

傾聴とは？……83

【一致（congruence）】

【受容（Unconditional Positive Regard）】

【共感的理解（empathic understanding）】（共感とも）

傾聴の基本的なスキル～3種類のあいづち……91

感情表現から、傾聴の深さを知る……93

感情レベルごとの聴き方

第1段階：「事柄」を聴く
第2段階：「気持ち」を聴く
第3段階：「感じ」を聴く
なぜ「感情」より「感じ」のほうが深いのか
第4段階：「感じの変化」を聴く
レベル0：聴かない
古い傾聴と新しい傾聴……114
【第1期：1940年代】非指示の傾聴
【第2期：1950年代】一致、受容、共感の傾聴（あり方）
【第3期：1960年以降】体験過程と共感のプロセス

第4章 傾聴を最新バージョンにアップデートする

新しい傾聴の流れ……122
〈プログラム①〉「体験過程」を使った聴き方にバージョンアップ……124
〈プログラム②〉「共感」をバージョンアップ……127
〈プログラム③〉「体験の鏡」をバージョンアップ……131
追体験とは
追体験のポイント①　必死にならない
追体験のポイント②　「かなぁ」をつけて理解する
追体験のポイント③　「聴き手の世界」を認めて放っておく
追体験のポイント④　修正しながら進む
追体験のポイント⑤　わからない感じは尋ねる
事柄への質問は体験の流れを止める

〈プログラム④〉「確認の鏡」をバージョンアップ……143
確認の鏡のポイント① 「正しいか」より「しっくりくるか」を重視
確認の鏡のポイント② 時には「言葉尻」よりも「感じ尻」を優先
話し手が使った言葉で返したほうがいい場合
〈プログラム⑤〉「内省の鏡」をバージョンアップ……152
内省の鏡のポイント① 話し手の答えを「受け取る準備」をしておく
内省の鏡のポイント② 「NO」を恐れない
内省の鏡のポイント③ 沈黙は金
「ただ、そこにいる」プレゼンスを大切にする
〈プログラム⑥〉「態度の鏡」をバージョンアップ……158
共感がうつるミラーニューロン
一致とは、聴き手自身への受容と共感……162
傾聴力は、かけ算で決まる
——傾聴の研修でよく出る質問

第5章 セルフ傾聴で楽に傾聴できる人になる

セルフ傾聴とは？……174
自分の体験を心の鏡に映し出して、追体験する……176
自分の気持ちを簡単にセルフ傾聴する方法
セルフトークが、本当の気持ちなのかを確認する方法
セルフトークが簡単にわかる「かぎ括弧」の法則

自分を「言い聞かせる」セルフトークは聞き流す
特定のテーマについてのセルフ傾聴……186
怒りが湧いてきたときのセルフ傾聴……191
感情的なまま関わると、後悔することが増える
改善しないで受容、共感する
「すべき」と「したい」の両方を理解する……199
聴く聴かないを選べるのが最高……201
―傾聴の研修でよく出る質問
―「自分への傾聴」と「他者への傾聴」の両方を大切にしている学習者の声

第6章　セルフ傾聴力を鍛えるワーク

自分に対する受容・共感力を鍛えるワーク……201
ワーク①　体を感じるための基本ワーク
ワーク②　事柄についての感じ
ワーク③　鏡に向かって「私最高!」と言ってみる
ワーク④　文章の修正
ワーク⑤　短所と長所
聴いてもらう体験も大事……218
―傾聴の研修でよく出る質問
おわりに……221

会員特典データのご案内

次のプレゼントをご用意しました。

- 筆者が考える「ロジャーズの傾聴」110個
- セルフ傾聴力を高めるための3つのワーク（本文未収載）

以下のサイトからダウンロードして入手いただけます。

https://www.shoeisha.co.jp/book/present/9784798184296

［注意］

※会員特典データのダウンロードには、SHOEISHA iD（翔泳社が運営する無料の会員制度）への会員登録が必要です。詳しくは、Webサイトをご覧ください。

※会員特典データに関する権利は著者および株式会社翔泳社が所有しています。許可なく配布したり、Webサイトに転載することはできません。

※会員特典データに記載されたURL等は予告なく変更される場合があります。

※会員特典データの提供にあたっては正確な記述につとめましたが、著者や出版社などのいずれも、その内容に対してなんらかの保証をするものではなく、内容やサンプルに基づくいかなる運用結果に関してもいっさいの責任を負いません。

※図書館利用者の方もダウンロード可能です。

※会員特典データの提供は予告なく終了することがあります。あらかじめご了承ください。

第1章

傾聴迷子が増え続けている

傾聴ブーム到来

今、傾聴がとても注目されています。

傾聴迷子が増えている原因と傾聴ブームには、深い関係があります。

まず、どのように傾聴が人気になってきたのか、私なりに見てきた時代の変化を紹介します。


傾聴を教え始めた２００５年頃、傾聴に関する本はAmazonで5冊程度しかヒットしませんでした。

それが今では千冊を超え、約２００倍になりました。

最初の変化は２０１１年、東日本大震災のときでした。

震災の４年前から配信していたメルマガの登録者数が、たった半年で10倍に跳ねあがったのです。

ボランティアに参加する人が増えました。家族を失ったり生活を奪われたりした方とどう関わったらいいかに困り、ちゃんと人の話を聴きたいと思う人たちが傾聴に注目したのでしょう。

２０１３年12月に発売された、アドラー心理学をテーマにした『嫌われる勇気　自己啓発の源流「アドラー」の教え』（岸見一郎・古賀史健著、ダイヤモンド社）がベストセラーになりました。

それまでも人気だったコーチングに続き、カウンセリングがブームになりました。

その流れの中で、傾聴という言葉も耳にする機会が増えました。

２０１６年、それまで民間資格だったキャリアコンサルタント[1]（以下、キャリコン）が、聴き方を含むコミュニケーションを重視する日本初の国家資格になりました。キャリコンの試験には傾聴力が問われる実技試験があります。

翌年２０１７年には、日本初の心理職の国家資格、公認心理師[2]が誕生します。

公認心理師の誕生は、ビジネスマンが多いキャリコンとは違い、公務員や介護福祉などの公に近い職業の人も傾聴を知るきっかけの一つになったようです。

1 キャリアコンサルタントの資格者数は、7万2千567人（2024年3月末現在）

2 公認心理師の登録者数は、7万684人（2023年6月末日現在）

傾聴が人気になったもう一つの理由は、１on１ミーティングです。２０１７年に発売された『ヤフーの１on１──部下を成長させるコミュニケーションの技法』（本間浩輔著、ダイヤモンド社）で、Yahoo! JAPANが１on１ミーティングを導入したことが紹介されて話題となり、２０１８年頃から１on１ミーティングを採用する企業が増えました。

１on１の導入で管理職は、それまでの業務の進捗指導とは違い親しみが感じられるより深いコミュニケーションのための会話が求められるようになりました。

その時期以降、企業からの研修の依頼が増えました。

また、最近ではＳＤＧｓ[3]に関連付けられて耳にする心理的安全性[4]の確保の一環として、消防庁から内勤職員の研修の依頼がくるなど、昔は縁遠かった職種の方にも認知が高まってきていて、社会全体に傾聴はすっかりなじんだ感があります。

読者のみなさんが「傾聴」という言葉をはじめて耳にしたのもおそらく、ここ12〜13年以内ではないでしょうか。

3 SDGs（Sustainable Development Goals／持続可能な開発目標）とは、2015年に国連（国際連合）によって採択され、2030年までに達成を目指す17の目標のこと。貧困の撲滅、飢餓の終結、良質な教育の提供、ジェンダー平等の達成、清潔な水と衛生の利用可能性、持続可能な都市とコミュニティの構築など、環境、社会、経済の持続可能性に関わる広範囲な課題をカバーしている。世界各国が協力して、これらのグローバルな課題に対する共通の枠組みを目指すもの

4 心理的安全性とは、1950年代にアメリカの心理療法家のカール・R・ロジャーズ（Carl R. Rogers）が提唱した理論。

傾聴迷子度チェック

傾聴が社会に広がるのはいいことですが、困った問題も起きています。

傾聴迷子が増えているのです。

傾聴迷子とは、学べば学ぶほど傾聴がよくわからなくなって困っている人のことです。

あなたは、傾聴迷子になっていませんか？

次の傾聴迷子度チェック表で確認してみてください。

●傾聴迷子度チェック表

質問の答えが「はい」であれば、1番下のチェック欄に記入してください。

最後の質問（問㉚）まで答えたら「はい」の数を計算して、8ページにある傾聴迷子度指数で、自分の迷子度を測定してみましょう。

※ロールプレイ形式[5]の練習経験が「ある」人→質問①からスタートしてください。

※ロールプレイ形式の練習経験が「ない」人→質問⑥からスタートしてください。

ロジャーズの著書『ロジャーズが語る自己実現の道』（岩崎学術出版社、末武康弘・保坂亨・諸富祥彦訳）等によると、心理的安全性は次の3つのプロセスと関連しているとされる。①個人を無条件の価値があるものとして受け入れる。②外部評価が存在しない環境を提供する。③共感的に理解する

5 ロールプレイ形式とは、傾聴の練習法の一つ。話し手役、聴き手役、オブザーバー役に分かれて、傾聴を実践形式で学習する方法

	はい
◆ロールプレイ形式の練習経験が「ある」人はここからスタート	
【学習系】	
①練習仲間からのフィードバックで傷ついたことがある	□
②聴く練習をするときに、課題は特に設定しない	□
③実践後「うまくできていなかった」とだけ指摘されたが、具体的にどうすればいいのかわからず困った経験がある	□
④個別の指導は受けた経験がほぼない	□
⑤仲間内の練習会に会いたくない人がいる	□
◆ロールプレイ形式の練習経験が「ない」人はここからスタート	
【抑圧系】	
⑥言いたい気持ちが出てくるのを抑えながら聴くのに必死	□
⑦心の中では反対でも、とりあえず笑顔を保って聴くことが多い	□
⑧自分ができていない部分を直そうと努力している	□
⑨話し手の長話から逃げられず困ることが多い	□
⑩自分の都合は後回しにして、ギリギリまで話し手の都合に合わせることが多い	□

【自意識過剰系】

⑪沈黙になってしまうとソワソワする □

⑫話し手が自由に話しているなら、邪魔しないよう黙って聴くことが多い □

⑬話し手が使った言葉でも、ネガティブな言葉はくり返さないようにしている □

⑭話し手の言葉では表現されていなくても、話し手の気持ちがわかった気がすることがある □

⑮「きっと」「たぶん」「もしかして」「かもしれない」と、推測でよく話す □

【マニュアル系】

⑯少し大げさにあいづちをするほうだ □

⑰気になった話し手の言葉は、何でもくり返すほうだ □

⑱数分間黙って聴いた後、そこまでの内容全体を長めに要約するほうだ □

⑲よく使うお決まりの質問がある □

⑳自分の応答が話し手にとって正解だったか気になる □

【誤解系】

㉑「私もそう思います」と、同意を示してあげるのが傾聴だと思っている □

㉒「あなたはそうなんですね」と、共感を示してあげるのが傾聴だと思っている □

㉓話し手が使った言葉を壁打ちするように、正確にくり返すのが傾聴だと思っている □
㉔話の全体を要約して、整理してあげるのが傾聴だと思っている □
㉕個人的な話をたくさん引き出せたら、傾聴は成功したと思っている □

【ジプシー系】

㉖YouTubeで「傾聴」と検索して、動画を見たことがある □
㉗3か所以上の傾聴の講座を受講したことがある □
㉘傾聴の本を3冊以上読んだことがある □
㉙人からの指摘は素直に耳を傾けるほうだ □
㉚自分の応答で気分を害されていないか、話し手の反応が気になるほうだ □

●傾聴迷子度を測定

◆ロールプレイ形式の練習経験が「ある」人（①からスタートした人）

・「はい」の数が21個以上→重症
・「はい」の数が15〜20個→要注意
・「はい」の数が9〜14個→予備軍
・「はい」の数が0〜8個→問題なし

◆ロールプレイ形式の練習経験が「ない」人（⑥からスタートした人）
・「はい」の数が17個以上→重症
・「はい」の数が13～16個→要注意
・「はい」の数が8～12個→予備軍
・「はい」の数が0～7個→問題なし

傾聴迷子の4つの特徴

傾聴迷子度チェックの結果はいかがだったでしょうか？　「問題なし」だった人は少ないと思いますが、傾聴迷子には次のような4つの共通点があります。

①学習経験がある
②情報のつまみ食いをしがち
③一環した指導を受けたことがない
④他人の意見を聞き流せない

この共通点に含まれる特徴が複数絡みあって、傾聴迷子の状態を悪化させる原因になるのです。まずは、一つひとつの特徴を見ていきましょう。

①学習経験がある

傾聴迷子になる人は、資格試験のための講座や社内研修、本やインターネットの動画で、傾聴を一度は学習したことがある経験者です。傾聴を知ってはいるけれどよくわからない、うまくできない人です。

　このような人は、知識とスキルがまだ追いついていないので、向上心と同時に問題意識ももつようになります。

②情報のつまみ食いをしがち

　真面目な人ほど、傾聴迷子になりがちです。

　真面目な人は自己成長への欲求が高く、自分を向上させるべく情報収集を積極的に行い講座にもよく参加します。

　本をたくさん読み、動画をたくさん見て学びます。

　多くの情報に触れることは疑問の解決に役立つこともあれば、逆に情報過多で混乱を引き起こす原因にもなります。

③一貫した指導を受けたことがない

　一貫性のない指導は、混乱の原因になります。

　例えば、あなたがテニスを習う生徒になったと仮定して想像してみてください。

個別指導をしてくれるコーチが同時に5人もいたら混乱するでしょう。

みんな言うことが違うと、誰の言うことを信じていいかわからなくなります。

傾聴も同じです。

傾聴も、先生により教え方がぜんぜん違うことがよくあります。

A先生は「そこで質問をしなければダメ」と言い、B先生は「そこで質問なんかしちゃダメ」と言う、なんてことは日常茶飯事です。

会社でも仕事の仕方について指示命令系統が一本化されていないと混乱が起きるように、一貫性のない情報提供は、役立つどころか混乱しかもたらしません。

大きな団体が開催するカウンセラー養成講座の場合、先生が毎回違うことがあります。

運営上仕方がないことですが、同じ先生から習わなければ一貫性が守られず混乱するのは当然です。

④他人の意見を聞き流せない

先生が言うことが違うのも困りますが、すべての情報をうのみにしてしまう受け手にも問題はあります。

傾聴ではよく、話し手役、聴き手役、オブザーバー役に分かれて行うロールプレイ形式の練習をします。

●ロールプレイ形式の練習での役割分担

・話し手役：自分のことについて話す
・聴き手役：自分の課題に沿って聴く
・オブザーバー役：聴き手役にフィードバックする（オブザーバー役はいない場合もある）

話し手役と聴き手役でロールプレイが行われた後、オブザーバー役が聴き手役にフィードバックをします。

通常オブザーバー役はただの練習仲間なので、知識も浅くフィードバックをするスキルにたけているわけではありません。

このオブザーバー役からのフィードバックが、混乱を引き起こす原因によくなります。「もっと、ああしたほうがいい」「あれはやめたほうがいい」などの個人的な感想からの指摘や指導は、たとえ親切心からの発言であっても、丁寧に伝えないと人の心を傷つける原因になります。

ロールプレイを終えたばかりの聴き手役は、うまく聴けなくて気弱になっていることが多く、指摘やアドバイスは心にグサグサ刺さりやすい状態にあります。

指摘された内容はもっともな内容ばかりなので、聴き手役はぐうの音も出なくなり、「おっしゃる通りです」と言って心にとげが刺さったまま帰ります。

危険な状態に気づける先生がそばにいれば、きっと介入するのでしょうが、生徒数が多く先生の目が届きづらいグループ学習会や、指導経験が豊富なファシリテーターがいない仲間内の自主練習会もあります。

このような場合、不要な情報をうまく聞き流せないと混乱して悩み始めてしまいます。

仲間は教えるプロではないので、意見は真に受けすぎないことが大切です。

傾聴迷子から脱出する3つの方法

迷子とは、方向感覚を失い、自分がどこにいるのか、目的地にどうやって行けばいいのかわからなくなり、誰にも聞けず困っている人です。

傾聴迷子も同様ですが、次の3つの脱出法（課題）に取り組むことで、このような混乱から抜け出せます。

・混乱からの脱出法①　自分軸で聴く
・混乱からの脱出法②　効果的な学習法で学ぶ
・混乱からの脱出法③　傾聴をよく知る

混乱からの脱出法①　自分軸で聴く

傾聴迷子の人が次のページのような負のスパイラルにはまる原因の一つは、自分軸でなく他人軸でいるからです。

傾聴の負のスパイラル

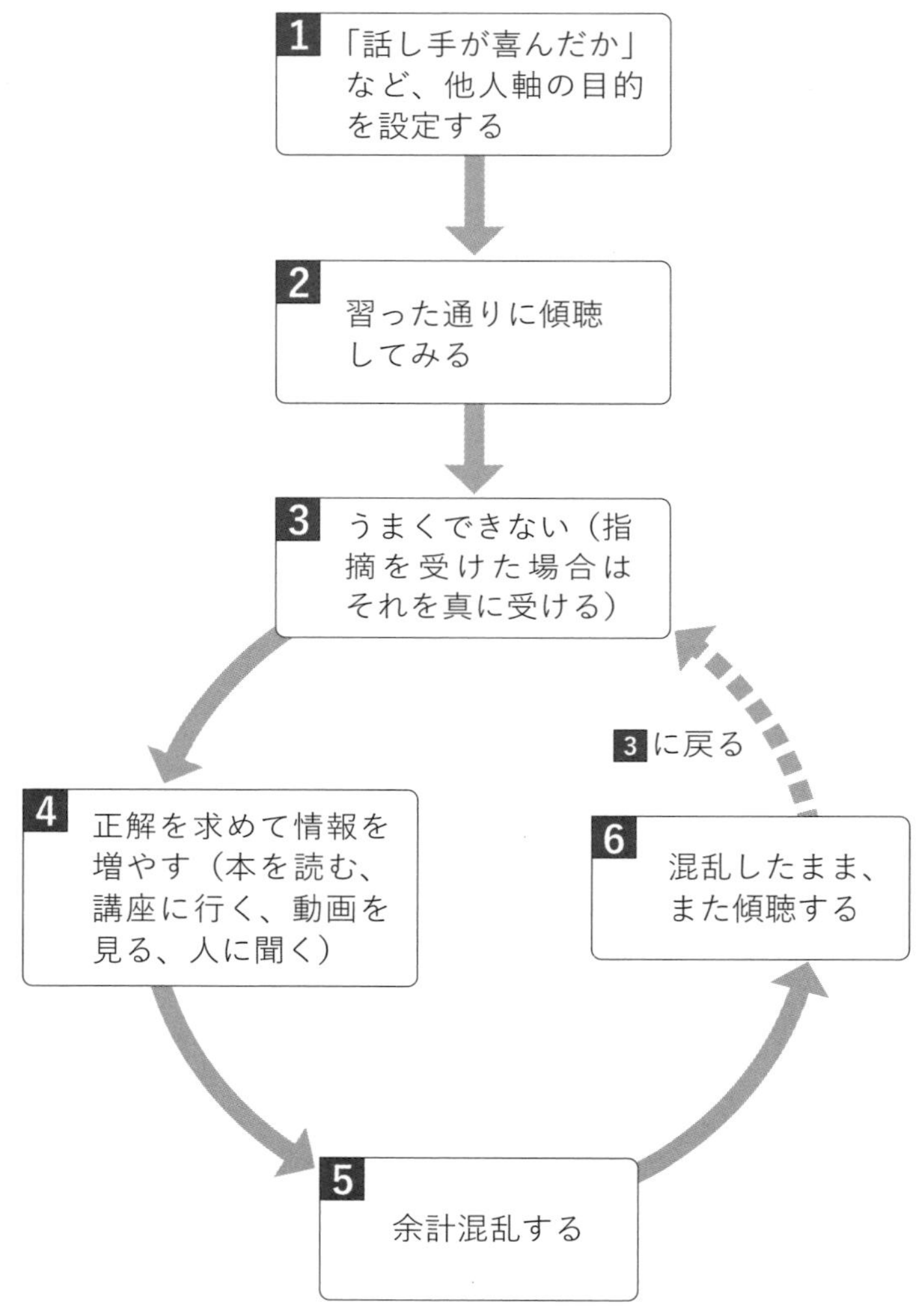
1 「話し手が喜んだか」など、他人軸の目的を設定する
2 習った通りに傾聴してみる
3 うまくできない（指摘を受けた場合はそれを真に受ける）
4 正解を求めて情報を増やす（本を読む、講座に行く、動画を見る、人に聞く）
5 余計混乱する
6 混乱したまま、また傾聴する
3 に戻る

傾聴する上で大事なのは、他人軸ではなく自分軸で聴くことです。

ここでいう他人軸とは、相手の反応により自己評価が変わってしまうような聴き方です。

他人軸での聴き方

「話し手が喜んだから成功」とすると→喜ばせようとして聴く
「話し手が笑顔になったから成功」とすると→笑顔が出るように話しかける
「話し手に気づきがあったら成功」とすると→ヒントを与えて気づかせようとする
「話し手の本音を深掘りできたから成功」とすると→どうにかして本音を引き出そうとする
「話し手が前向きになったから成功」とすると→ネガティブな発言はポジティブに転換しようとする

他人軸が強いと、このように話し手をコントロールしようとする聴き方になってしまいます。

ポジティブな反応を得たくなるのは、聴き手の心の中に、話し手から「嫌われたくない」「好かれたい」「自分が役に立つ人だと思われたい」という欲求があるからでしょう。

例えば、キャリコンの実技面接の試験中に、試験官の視線が気になって「今の自分は、どういう風に見られているだろうか？」と心配したり、クライエント役との応答で「今の話し手の反応が薄かったから、失敗だっただろうか？」と気をもんだりするようでは、集中して聴けていません。

悪い意味で、自意識過剰な状態が他人軸なのです。

よくも悪くも相手の反応により自己評価が左右される人が、傾聴迷子になりやすいのです。こういった人は、なかなか自分の聴き方に自信がもてません。

話し手が変わろうが変わらなかろうが、ポジティブだろうがネガティブだろうが、よい反応があろうがなかろうが、今の自分にできる精一杯の受容、共感の姿勢で話し手のそばに居続ける自分軸をもつことで、安心して聴けるようになります。

自分軸での聴き方

話し手の反応に一喜一憂せず、ひたすら受容、共感の姿勢で受け止めながら聴き続ける

しかし、このような自分軸の価値観は、社会ではただのわがままと捉えられがちです。昔どこかの人材募集の広告で「お客様の笑顔をあなたの笑顔に！」というキャッチコピーを見たことがあります。このように、まず他人の幸せが先、自分は後という価値観のほうが社会では受け入れられやすいのではないでしょうか。

自分軸というのは、自分を我がままに優先させるという意味ではありません。自分も相手も価値は同じという考え方です。

私ももちろん、話し手が喜んでくれたらうれしくなります。でも同時に、話し手が喜んでくれなかったら自分の価値はないかというと、それも違うと思います。

他人から評価されなければ自分に価値がないのであれば、それは自分の価値を他人にゆだねる他者依存です。

悩み事を抱えている人ほど「相手から嫌われたらどうしよう」と相手の反応が気になり、期待にうまく応えられない自分はダメだと考える、他人軸思考に陥りがちです。

私が傾聴を通して学んだことは「聴き手が自分軸でいればいるほど、話し手も自分軸をもちやすくなる！」ということです。

傾聴は、話し手の中に自分軸を育てるサポートにもなるのです。
まず、聴き手のあなたが自分軸をしっかりもちましょう。

この後説明していく受容、共感の姿勢で鏡のように聴く傾聴をしていると、相手の反応に一喜一憂しなくなる自分軸が育っていきます。

混乱からの脱出法② 効果的な学習法で学ぶ

傾聴も学習の方法によって、得られる成果は大きく変わってきます。
人間は意識、無意識を問わず心をもった生き物ですから、脳が動きやすくなるような学習の工夫が必要です。

特に昔から気になっているのは、傾聴では「〜してはいけない」という禁止がとても多いことです。

- ・途中で口を挟んではいけない
- ・意見やアドバイスを言ってはいけない
- ・聴きもらしてはいけない

・間違って理解してはいけない
・受容や共感を示さなくてはいけない

このように禁止をされると、余計にそのことが気になって再現性が増してしまったり、反発心が芽生えて期待するのとは逆の反応が出てしまったりするので、学習の仕方として間違っています。

本心を抑圧する（される）と、脳がリバウンドしてしまう現象として心理的リアクタンス[6]があげられます。

障害が多い恋愛ほど燃え上がるといわれるように、自由や選択肢を制限されると抵抗感が生まれ、その制限や圧力に反発する動機づけがかえって高まる心理現象です。

他者からの抑圧は反発心を生み、自分への抑圧は頭で心を抑え込もうとすることでフラストレーションが溜まります。

ダイエット中なのに、ついつい食べすぎてしまって失敗した。子どもを叱らないように心がけているのに、何かの瞬間に爆発してひどい言葉を言ってしまった。そういう経

6 心理的リアクタンスとは、他人や社会から自由に行動することに対して制約や強制を受けると、心理的な抵抗や反発感情が起きること

験がある人は多いでしょう。

心の中に、欲求というバネ（スプリング）があるイメージです。バネを両手で上下に押さえ込むと、一見小さくなって見えますが、内側には逆の向きへの反発力がどんどん溜まっていきます。

そして強い抑圧に耐えられなくなり、心理的なリバウンドを起こし爆発して終わるというのがお決まりのパターンです。

強く抑圧した当然の結果としてリバウンドが起きて、たくさん食べすぎたり、子どもをひどく叱ってしまったり、傾聴では自分のことを話さないよう強く抑圧した結果として、話し手に余計なことを言ってしまったりという現象が引き起こされます。

リバウンドというとダイエットに失敗して体重が戻ることを思い浮かべがちですが、リバウンドの正体は食べる行動の前に起きる心理的反応のほうです。

悪い問題点を見つけて、それを減らそうとすることは一見よいことのように思えます。

でも、そのような改善思考は心をもたない工業製品には有効ですが、心をもった人間には微妙です。

人間の場合「悪いことを減らしたら改善されてよくなる」という理屈通りにはいかず、「悪いことを減らそうとしたら、余計悪くなる」ことがよくあります。

「〜してはいけない」と、心理的抑圧をしながら聴く学習法そのものが間違っているのですが、残念なことに多くの人はそれに気づくことができません。

理由は、何かをガマンすることで一瞬よい成果が出るので、問題は自分の抑圧の足りなさにあると勘違いしてしまうからです。

傾聴学習をするための前提としてお伝えしたいのは、傾聴を阻害する悪い原因を見つけて減らそうとする「マイナス思考」ではうまくいかないことです。

傾聴に必要なよき行動を増やしていくプラス思考で学習することで、努力を無駄にせずに済みます。

例えば、次のような法則や理論が傾聴学習にも役立ちます。

- 欠点を減らそうとすると、余計悪化する（心理的リアクタンス）
- 具体的な目標設定は、達成率が上がる（目標設定理論[7]）
- 脳は1つのことにしか集中できない（マルチタスク禁止）

7 目標設定理論は、心理学者のエドウィン・A・ロック（Edwin A.Locke）とゲイリー・レイサム（Gary Latham）によって提唱された。目標は動機づけを高め、注意を集中させ、努力を促進し持続させ、より高いパフォーマンスを発揮するという考え

・3つ以上の情報を受けとると、脳は混乱する（マジカルナンバー4の法則[8]）
・矛盾した情報を受けとると、脳は混乱する（不確実性の増加）
・参考になる人のマネをする（モデリング[9]）
・大きな課題は小さく区切って進めたほうが達成しやすくなる（スモールステップ）

混乱からの脱出法③　傾聴をよく知る

突然ですが質問です。傾聴とは何でしょうか？

スマートフォンでもメモ帳でもいいので30文字以内で書き出してみてください。

傾聴の定義はさまざまにあります。

何を傾聴と呼ぶか人によっても違いますし、「これが傾聴」という絶対的な答えはありません。

また「いい傾聴」の定義も、個人の好みによりさまざまにあるでしょう。

「自分が聴きたいように聴ければそれでいい」というのが自分軸です。

8 マジカルナンバー4の法則とは、ミズーリ大学の心理学者ネルソン・コーワン（Nelson Cowan）が2001年に提唱した法則。人間の短期の作業記憶の容量は、それまで考えられていたジョージ・A・ミラー（George A.Miller）の有名な研究「マジカルナンバー7±2」ではなく、4±1（3～5個）の間で情報の複雑性や関連性などにより変化するという考え

9 モデリングは、アルバート・バンデューラ（Albert Bandura）によるものがよく知られている。バンデューラはおもちゃのボボ人形を使ったボボドール実験において、子どもたちを「攻撃的モデルを観察したグループ」「非攻撃的モデルを観察したグループ」

しかし、知識がない人は「自分が聴きたいように」といわれても、自分がどのように聴きたいのかさえ、わからない場合もあるでしょう。

傾聴といえばカール・R・ロジャーズ[10]ということはカウンセラー養成学校でもよく習いますが、あまり深くは学びません。

そこで、心理学としてのロジャーズの傾聴について紹介します。

ロジャーズは傾聴の意味を「深く傾聴してもらった人は、深く自分の心を傾聴し始める」ことにあるといっています。

確かに本質はそうだと思うのですが、それだけではよくわからないと思うので、私なりにロジャーズの傾聴を別の言葉でいろいろ表現し直してみました。

110個もできてしまったので、翔泳社のサイトにアップしました。興味があれば見ていただいて、あなたが思っている傾聴との共通点や相違点から傾聴への理解を深めてみてください。

※ダウンロードの方法等は、本書の巻頭、xivページをご覧ください。

「モデルを観察しなかったグループ」の3つのグループに分けて実験をした結果、攻撃的モデルを観察した子どもは、非攻撃的モデルを観察した子どもやモデルを観察しなかった子どもに比べて、はるかに攻撃的な行動を示した。このことから人が新しい行動を学ぶ際には、観察学習が重要な役割を果たすという理論を提唱した。その他モデリングの研究には、マシュマロ実験で有名なウォルター・ミシェル（Walter Mischel）の目標設定や自己調整のプロセスにおける自己効力感の重要性を示した研究などがある

10 カール・R・ロジャーズ（Carl R. Rogers 1902−1987）は、20世紀を代表する米国の心

傾聴の効果的な学習法

傾聴の正しい聴き方はこの後の第3章以降で詳しく説明しますが、学習の仕方を間違うと正しい聴き方がまったく身につかないどころか、余計に悪化する可能性があるので、脳と心の原則に沿った学習法になっていないなら、今から変えていきましょう。

ここでは、心の自然な動きに合わせた効果的な傾聴学習のポイントを6つ紹介します。

・効果的な学習① 体験学習を増やす
・効果的な学習② 理論を絞る
・効果的な学習③ 個別の指導を受ける
・効果的な学習④ 課題を決めて練習する
・効果的な学習⑤ 誰かのマネをする
・効果的な学習⑥ 仲間内の練習会にはあまり参加しない

理療法家。人間性心理学の主要な理論家の一人。それまで一般的だった指示的な心理療法に対し独自の非指示のアプローチを実践し、傾聴の原点といわれる来談者中心療法、パーソンセンタードアプローチへと発展させた。人が本来持っている肯定的な側面に着目したアプローチは心理療法としてだけでなく、教育や人間関係の改善にも大きな影響を与えた。亡くなる直前にはノーベル平和賞にノミネートされていたといわれている

効果的な学習①　体験学習を増やす

最近は傾聴に関する本や動画の情報が増えました。

YouTubeなどの情報は、専門家でない個人の意見や、元となる情報源から伝言ゲーム的に伝わった二次情報や三次情報が多くあり、情報の質がゆがんでいるものも散見されます。

さまざまな情報を得ることは、学びを深めているようで、混乱が深まる原因になります。よいと思える精選した情報だけに触れ、頭だけでなく体で覚える体験が大切です。

効果的な学習②　理論を絞る

スキルは一貫した理論に沿って学ぶほうが、早くに身につきます。

例えば、あなたがテニスを習っているとして、指導してくれるコーチが５人もいたら混乱するでしょう。

先生が変わってしまうと一貫性が保てなくなり、混乱の原因になるのです。１人の先生、もしくは統一された１つの理論に沿って学びましょう。

ときどき同時に複数の傾聴の講座に通っている人がいますが、それも混乱の原因になります。

はじめのうちは相性と信頼性の確認のための下見として、いろいろな学びの場に足を運ぶのはいいでしょう。でも、八方美人では軸が定まりません。

下見をしたら後は、できるようになるまで腰を据えてしっかり学びきることで土台ができます。

その後で、別の講座に移動するのはアリです。

でも、いつまでも渡り鳥型では何も身につきません。

効果的な学習③　個別の指導を受ける

カウンセラーの資格試験に関係する講座に参加している人や、合格したあとの人に多いのが「私はどうしたらいいのか?」という悩みです。

個人的に指導してもらった経験が乏しく、何が正しい聴き方なのかわかっていないことが原因です。

技術的な個別指導と併せて、自身の聴き方の質の向上や分析のために聴いてもらう体験を積むことも必要です。

相談業務に従事している人でスーパービジョン[11]をしている人もいますが、傾聴の基本ができていなければ、ケースの対応の仕方だけスーパービジョンを受けても活かしようがありません。

継続的にできればベストですが、ときどきでも個別の傾聴指導を受けましょう。

効果的な学習④　課題を決めて練習する

傾聴のロールプレイ練習をする際、聴き手役は必ず具体的な課題を1つ設定しロールプレイに臨みましょう。

課題設定のポイントは「1つに絞って、それを具体的にする」ことです。欲張って複数の課題を設定してはいけません。人間の脳は同時に1つのことにしか集中できません。

また、抽象的な課題ではいけません。「何のために」「何を」「どのように」といった目的、対象、内容の3つが明確で、参加者全員で後から振り返りが可能な課題であることが必要です。

▼【悪い例】抽象的で振り返りがしにくい課題設定

・一生懸命聴く

11 スーパービジョンとは、対人援助職がスキル向上のために指導者との面談によって受ける助言や教育プロセスのこと。カウンセラーにとってのスーパービジョンとは、専門家としての成長と、クライエントへのサービスの質の向上を目的に行う。経験豊富なカウンセラー（スーパーバイザー）が、経験が浅いカウンセラー（スーパーバイジー）にアドバイスや困難、ストレスへのサポートをする

・寄り添うように聴く
・くり返しをする
・質問をする
・信頼されるように聴く
・深まるように聴く

▼【よい例】具体的で振り返りがしやすい課題設定
・寄り添うため（目的）に、話し手が言った感情についての表現（対象）を、そのまま言い換えずにくり返すことを課題（内容）にする
・無機質で軽い応答にならないため（目的）に、質問（対象）を反射的にしないで、まずその前の感情の言葉をしっかりくり返しで受け止めてから質問することを課題（内容）にする
・くり返しを無理やり会話に挟み込む形にしない（目的）ために、踊るあいづち（ペーシング）（対象）で、ゆったりしっかりあいづちをしながら、くり返しにつなげる（内容）ことを課題にする

このように具体的な課題を設定することで、後から本人もオブザーバー役も適切な振り返りがしやすくなります。

オブザーバー役が聴き手役にフィードバックをするときにも、気づいたことをたくさん指摘すると聴き手役は消化しきれないので、まず具体的に1つだけ丁寧にフィードバックをしましょう。1つ目を相手がちゃんと消化できていないのに2つ目、3つ目と伝えないことです。

部下への指導などにも通じますが、効果的にフィードバックをするためには、何を伝えるかだけでなく、「何を伝えないか」も重要です。

効果的な学習⑤　誰かのマネをする

ときどき「どんな先生から学べばいいですか？」と質問されます。

一番いいのは、「あの先生のように聴きたい」と思える先生から学ぶことです。

百聞は一見に如かず、です。

過去に30か所以上もの傾聴の講座に行った経験がある私が、継続してこの先生から学びたいと思う基準が2つあります。

1つは、リアルに傾聴している場面を見せてくれて納得感がある先生。
もう1つは、傾聴の基本的態度である「一致」（83ページ参照）についてちゃんと説明してくれる先生です。

モデリングは優れた学習法です。尊敬できる先生のマネをしましょう。

効果的な学習⑥　仲間内の練習会にはあまり参加しない

カウンセラーの試験前に仲間内で集まって練習することは、試験前の不安が共有できたり試験の流れを確認できたりするというメリットがあります。

そこに十分価値を感じられる人は、ぜひ仲間同士の練習会を楽しんでください。

しかし、学習効果の面で考えると、その場を仕切れるファシリテーター（先生）がいない、仲間や先に合格した先輩だけのロールプレイ練習会への参加はあまりお勧めしません。

問題は2つあります。

１つ目は、教えることについては素人なので、的確なフィードバックがもらえないことです。試験直前に、仲間から「あれができていない」「もっとこうしたほうがいい」と指摘されても直しようがなく、不安と混乱が増すだけです。

２つ目は、心理的な安全が保たれないことです。

仲間や先輩から厳しく指摘されたと感じ、かなり傷ついたという人が私のところにたくさん来ています。傾聴は人の心を理解するためのものです。その練習をする集まりで、心が傷つく人ができてしまうのはとても残念なことです。

傾聴の練習の場においてオブザーバーの役割は、感想を述べたり、指摘したりすることではありません。

オブザーバー役は聴き手役に対して、カウンセリングマインドをもって関わることです。自分が「聴き手役を支えるカウンセラー役」になったつもりでフィードバックすると、最高に生きた傾聴の練習になります。

しかし、そのような練習会は、仲間内だけではなかなかできないのが現状だと思います。

ですから、特に試験の直前は仲間同士の練習より、自分のロールプレイ練習の録画を見直してイメージトレーニングをするほうが効果的です。

第2章

傾聴迷子は、カウンセラーの中にもいる

専門家が、必ず傾聴ができるわけではない

カウンセラーなのに……、精神科のお医者さんなのに……、上司なのに……、ぜんぜん傾聴してくれなかった。

そんな不満を感じたことはないでしょうか?

傾聴ができそうな立場の人にぜんぜん聴いてもらえなくてがっかりした、という話をたまに耳にします。

もちろん、傾聴が上手な専門家もたくさんいますが、専門職であっても傾聴が上手とは限りません。

傾聴の専門家と思われるような人でも、傾聴迷子にならざるを得ない理由があるのです。ただしこれは、その職業の人全員に当てはまるわけではないことを念押ししておきます。

キャリアコンサルタントは「テンプレート」で聴く

キャリコンの資格取得のためには聴き方に関する15分の実技試験に合格する必要があり、そのための練習をたくさんします。

数多くある対策講座では過去の合格者のデータを蓄積していて、これから受験する人たちに共有されています。

みんなが似たようなテンプレートを使っているため、決められた型通りに正しく応答して聴く癖がつきがちです。

仮に合格しても受験用のテンプレートを日常のコミュニケーションで使えばかなり違和感があり、聴いている本人も本当にこれでいいのかわからなくなっていたりします。

臨床心理士でも「実習をしていない」可能性がある

以前某大学に赴き、臨床心理士を目指している心理学部の大学生や大学院生と話をしたときに驚いたのは、心理学部でも傾聴の訓練を継続して受けている人が誰もいなかったことです。

そこではみんな「知識としては知っています」と言っていました。

その大学の学生は卒業後、就職した職場で聴き方を先輩から学ぶのが通例で、傾聴に特化して学ぶには別途自主的に学びに行く必要があるのだそうです。

傾聴を専門に研究する某大学の教授からは、大学ではできないからと休日に独自に傾聴トレーニングの講座をやっているという話を聴きました。

知識は豊富でもトレーニングをしておらず、傾聴がよくわからないという臨床心理士もいます。

就職してからは、傾聴だけでなくその職場の業務のやり方を学ぶので、傾聴力が身につくかどうかは自主的に学びに行くなど本人の努力次第といったところです。

公認心理師はそもそも「聴く練習をしていない」

公認心理師の試験科目にも聴き方の実技はなく、受験条件にも傾聴に関するものはありません。

国家資格化から5年間は、心理職として働いた経験があることが証明できる人であれば、聴き方の訓練を受けていない学校、保育園、保健所、医療機関、老人福祉施設、障害者支援施設などで働いたことがある人も受験できました。
それぞれの専門分野における経験はあっても、傾聴を学んだことがない人も含まれているということです。

5年間の経過措置終了後の現在は、実務経験の他に心理学を専攻とする大学院や大学の学士課程を修了することが必要になっていますが、前述の通り、心理系の大学だからといって必ずしも傾聴のトレーニングをするわけではありません。

公認心理師の有資格者の中には心理職であるにもかかわらず、傾聴をよく知らないことに後ろめたさを感じている人もいます。

精神科医は「診断と治療」を目的に聴く

知り合いに自分でカウンセリングを積極的にしている精神科医がいますが、このようなケースはまれで、通常、医師が話を聴く主な目的は診断と治療です。
精神科治療の選択肢にはカウンセリング以外の方法もあり、カウンセリングは臨床心理士など専門の担当者を配置するのが一般的です。

精神科医は傾聴の訓練を受けているようですが、あくまで医療の専門家でありコミュニケーションの専門家ではないので、傾聴力を期待しすぎるのは少し酷なのかもしれません。

傾聴迷子というよりは、役割が違うと考えたほうがいいでしょう。

看護師は「効率重視」の聴き方になりがち

看護師や看護大学の教授をしている知人たちが口をそろえて「テキストで傾聴の大切さについては習った（教えた）けれど、傾聴の仕方は具体的に習った（教えた）経験はありません」といいます。

医療現場で聴く重要性を認識している看護師の声はたくさん耳にしますが、聴きたくても具体的な方法がわからないと言います。

また多忙な職業柄、効率よく正確に医療サービスを提供することが優先されるため、問題解決思考の聴き方になる傾向もあります。

聴きたい気持ちと、聴けない現状とのはざまで悩んでいる看護師は結構います。

傾聴研修を受けたビジネスパーソンは「役割」で聴く

管理職やリーダーなど、役割として聴かなければならない立場の人も増えています。以前よりは傾聴の研修を受ける機会は増えましたが、年に1回など単発の参加が多いようです。

知ってはいるけれど、できるところまでは訓練していないということで消化不良に感じている人がいます。

聴く責任は与えられても自分が聴いてもらった体験がない人も多く、傾聴の本当のよさを納得できていないまま、結果的に形だけの聴き方になっている人もいます。

コールセンターのオペレーターは「事柄中心」に聴く

企業内でもコールセンターなどトラブルの対応が多い部署では、だいたい接遇のマニュアルがあります。

事実誤認が致命的なので、状況や情報などの事柄を正確に理解しようとしますが、話し手の気持ちに対しては「ご心配をおかけしました」と声かけするくらいで、気持ちを理解することはあまり得意ではありません。

会話は状況や情報を表す「事柄」と、事柄についての捉え方や感じ方を表す「気持ち」の表現で構成されています。

ということは、例えば10分の会話時間中、事柄の認識違いを起こさないように事柄ばかり丁寧に聴きすぎることは、逆に話し手の気持ちを無視していることになります。

そのことに気づけずに、なぜ話し手が怒り出すのかわからずに悩んでいる人もいます。

傾聴ボランティアは「真心だけ」で聴く

毎年、全国の社会福祉協議会やボランティア団体から傾聴の研修の依頼を受けます。

ボランティアの世界では、比較的昔から傾聴の大切さは知られてきました。

ただ、研修はあっても年1回程度で、継続して体系的に傾聴をトレーニングしている団体はまれです。

中には、まったく傾聴を学ばないまま真心だけで聴いているボランティアの人たちもいます。

裏づけがなく真心だけで聴いているため、個性豊かな独特の傾聴になっていたり、聴けなくて悩んでいても誰にも相談できずに困っていたりする人もいるようです。

自己満足度が高い「隠れ傾聴迷子」

傾聴迷子は自覚がある人が多いのですが、聴き方のマニュアルに依存してしまう人の中には、話し手がどう感じているかよりも、自分がマニュアル通りにできていることに満足してしまい、外から見るとおかしな聴き方でも、本人はその自覚がない隠れ傾聴迷子がいます。

せっかく本人が自信をもっているのを否定したくはないので、本書は自覚がある傾聴迷子の人のために話を進めていきますが、傾聴してくれない聴き手の場合は、自己満足度が高い隠れ傾聴迷子かもしれません。

話し手を「ただの人」と思ってみる

「肩書は、能力や人柄を保証しない」
これは私の基本的な考えです。

肩書があっても、おかしいと感じたら、おかしいと感じた自分の違和感を信じます。
肩書を信じすぎることは、自分を信じないことだと思うからです。
もちろん、肩書があって人柄も能力も優れた人がいたら最高です。

でも、事実としては肩書や地位は必ずしもその人の能力や人間性を保証しないので、
あまり信じ込みすぎないのが無難です。
肩書や地位を見て話し手を高く評価する心理を権威バイアス[1]といいます。

見かけより中身を想像してみる

私には小学生の頃の不思議な記憶があります。
通学の途中で、50歳くらいの見ず知らずのおじさんが目の前にいたときの記憶です。

1 権威バイアスとは、権威ある人物や専門家の意見に過度に影響され、それが正しいかどうかにかかわらず優先して受け入れる心理的傾向

そのおじさんが、なぜかすごく大人っぽくて、しっかりしていて、立派な大人に見えた感覚だけが残っています。

そして「僕も大人になったら、こんな立派な人になれるんだろうか」と、自分にも大人の階段を上る日がちゃんとくるのかと、期待と不安をはじめて覚えたことを記憶しています。

月日がたち、実際に自分が50歳になってよくわかりました。

見かけはおじさんでも、中身はいつまでも子どものままなんだと。

あなたはどうですか？

ちゃんとした大人になっていますか？

立派な大人になっている人もいるでしょうが、たぶん他の大人たちも、私と似たようなものだと思っています。

電車の中で難しい顔をして座っている年配のサラリーマンも、頭の中では「今日は楽しみにしていたアニメの放送日だな」とか、「昼ご飯何食べようか」とか、きっとくだらないことを考えているに違いありません。

肩書より中身を信じる

毎日スマホに、肩書がある人の犯罪に関するニュースがたくさん流れてきます。

・学校の先生が、子どもをいじめる
・警察官が、飲酒運転
・医師が、傷害事件
・国会議員が、脱税

昔の私は、よくこのような肩書らしからぬ行為をする人をけしからんと怒っていました。でも肩書があっても、何もすごくない「ただの人思考」を身につけてから、自分に直接関係ないそういったニュースには怒りにくくなりました。

「こういう人もただの人。なぜなら自分もただの人だから」と考えてみると、怒りにくくなったのです。一瞬イラっとすることはあっても、怒りが早くスッと引きます。

きっと昔は自分の中に、すごい人と思われたい欲求があって、権威バイアスが反応していたのです。

「ただの人思考」で楽な気持ちになる

ある実験で「〜すべき」と主張している人と、「〜が好き」と主張している人の脳の電気信号の動きを調べたら、まったく同じだったそうです。

「〜すべき」と「〜が好き」の違いは、主張の源が社会か個人かの違いだけで、どちらも好みを主張しているという点は同じなのです。

先生や警察官など責任の重い仕事に就いている以上、肩書や立場をまっとうしてほしいという思いは当然ありますが、それは肩書や立場を信じたいという個人的な好みです。

傾聴では善しあしで評価せず、話し手を理解するように聴きます。

自分の中の「〜すべき」をわきにおいて、平らな心で話し手を理解したい人に「ただの人思考」は役立つかもしれません。

事実と気持ちは分けて考える

平らな心で話し手を理解したいというのは、話し手がした行為を容認して許すのとは違います。

容認しないという事実と、腹を立てているという気持ちを分けましょうという提案です。自分が被害を受けた当事者なら、その事実に対処するのは当然です。でも、そのことにいつまで腹を立てているかは別問題です。

以前お会いした男性は、「うちの妻は、15年前の出来事について、いつまでもネチネチ言ってくるのでかないません……」と言っていました。出来事は過去でも、その出来事についてもっている気持ちは今ここにリアルにあるのです。

傾聴では、気持ちを中心に聴きます。それはつまり、事柄は事柄、気持ちは気持ちという風に分けて聴きとれているから、気持ちにだけ関われるのです。「ただの人思考」を日常生活で意識していると、事柄と気持ちを分けて理解する練習になります。

今これを書きながら、そういえばこの「ただの人思考」は、傾聴を学び始めてから身についたことに気がつきました。

「ただの人」には悪い意味はなく、人を人として見る人間性心理学[2]の基本的な視点が含まれています。私はこの考えになってから、自分と違う意見をかなり穏やかに聴けるようになりました。それまでは、よほど「べき思考」が強かったのでしょう。

2 人間性心理学とは、人間の主体性と創造性など肯定的な側面に焦点を当てた、気づきと学びによる自己成長の心理学。精神分析では無意識や幼少期の経験に着目し、行動主義では観察可能な範囲での行動と環境の相互作用について研究するのに対し、人間性心理学では個人の自己実現の傾向と意識的な選択を重視する。人間を主体的で創造的な存在と見なし、内面的な経験と個人的な成長の探求を促すことで、よりよい人生の実現を目指す。カール・R・ロジャーズやアブラハム・H・マズローによって提唱され、ヒューマニスティック心理学とも呼ばれる

傾聴の研修でよく出る質問

Q ぜんぜん話を聴いてくれない上司は、どうやったら聴いてくれるようになるでしょうか？

上司が傾聴の大切さを知る有効な方法があるとしたら、上司が傾聴されてよかったと思える体験をすることです。

その体験があれば、傾聴の大切さがわかるので、自分も傾聴しようと思うかもしれません。

でも、傾聴されたよい体験がなければ傾聴が何かわからないので、できるようになろうとも、したいとも思わないでしょう。

人は体験がないと、必要性を感じないのです。

中間管理職向けの研修をしていてときどき気の毒だと思うのは、傾聴してもらった経験がない人が、部下には傾聴をしなければいけないケースです。

また、中間管理職のさらに上席の部長や役員の人は、あまり傾聴が上手ではないことが多いようで、してもらった経験がないことを理論だけでやらなければいけないという自己矛盾にストレスを感じている人もいます。

役職が高い人が傾聴できなければ、たぶん部下もできないのではないでしょうか。

でも珍しい例もあります。

昔、大手家電メーカーでプロジェクトリーダーを勤めていたという、うちの傾聴協会メンバーの話です。ぜんぜん相手の話を聴かず、批判とあるべき論の指示ばかりしてくる上司に対して、喧嘩せず毎日ひたすら傾聴の姿勢をとり続けていたら、半年くらいで上司がだいぶ話を聴いてくれるようになったという強者がいます。

部下が上司を傾聴しなければいけない状況自体がとても残念ですし、実際にこのようなタイプから話を聴くのは、なかなか大変です。

やはり、上司から傾聴してほしいものです。

そのためには、上司が傾聴されてよかったと思える体験が必要です。

傾聴なんかしていたら仕事にならないと、必要性を感じていない上司もたくさんいます。

その人なりにいいやり方があるのでしょう。

話が聴けない上司ほど「自分はちゃんと聴いている」と勘違いしているのも、傾聴あるあるです。

そういう上司を変える術はなかなかありません。

ゲシュタルト療法[3]の創始者フレデリック・S・パールズが好んで読んだとされる、自身がつくった短い詩を紹介します。

変えられないものにこだわるよりも、変えられるものを探して変えていくほうが建設的です。

3 ゲシュタルト療法とは、今ここに焦点を当て、未解決の問題や抑圧された感情を意識化し、処理することを目的とした心理療法。個人が自己や周囲の環境との関係性を理解し、自己認識を深めることを促す。クライエントが自己の感情や行動パターンに気づき、健康的な方法で統合することを支援する。ドイツ出身の心理療法家フレデリック・S・パールズ（Frederick S.Perls）によって創始された。ロジャーズやマズロー同様、人間性心理学に属すると考えられている

「ゲシュタルトの祈り」[4]

私は自分のことをする、あなたはあなたのことをする
私はあなたの期待に応えるために、この世にいるわけではない
あなたも私の期待に応えるために、この世にいるわけではない
あなたはあなた、私は私
もし偶然お互いを見つけられたら、それはすばらしいこと
もしそうでないなら、それは仕方ないこと

話を聴いてくれない上司に、なぜ悩まされるのか？

その悩みを抱えざるを得なくさせている一因は、収入の面なども含めその会社に居続けることを選択しているあなたの心にもあります。だからといって、仕事を簡単に辞めるわけにはいかないので、話し手が変わらなくても心が穏やかになれる道があると便利です。

人は、自分が状況を変えることが困難なときほど、外の状況に変化を求めたくなります。

4 出典『Gestalt Therapy Verbatim』（フレデリック・S・パールズ著、筆者訳）

相手が変わってくれれば幸せになるけれど、相手が変わってくれなければ、いい人生を歩めないと感じているなら、それは相手に人生を預けてしまっている依存です。

上司が変わってくれる方法も探しつつ、上司が変わらなくても幸せになれる道を同時に探すのがお勧めです。

1つは、上司へのストレスについて話を聴いてくれる別の誰かを探すこと。

もう1つは、上司が話を聴いてくれないことがストレスで傷ついているなら、ときどきそのつらさについて、自分で自分をセルフ傾聴してあげることです。

自分が自分の味方でよき理解者となるセルフ傾聴については、第5章と第6章で詳述します。

自分をうまく傾聴できない人ほど、うまく傾聴してくれない他者に不満をもちやすくなります。これについては、次章の傾聴の鏡の法則で説明します。

第3章

傾聴がもつ「5つの鏡」

傾聴されることで得られる、3つの効果

世界中には、3千種類を超えるカウンセリングのやり方があるそうです。それぞれ理論や効果は異なりますが、傾聴ではカウンセリングによって、主に次の3つの効果が期待できるとされています。

①話す効果
②理解される効果
③自立が促される効果

①話す効果

傾聴の最もわかりやすい効果の一つは、話してすっきりするカタルシス効果[1]です。自分のことを話している最中は、欲求が満たされたときに放出される神経伝達物質のオキシトシンやドーパミンなどが分泌されます。

話すことには感情の発散効果があり、心理的ストレスの緩和に役立ちます。

1 カタルシス効果とは、感情を外に発散することによって心の中の緊張や不安が解消される現象を利用したもの。古代ギリシャの哲学者アリストテレスによってはじめて言及されたとされる。心理療法においては、感情的な解放を伴う経験としてカタルシス効果が説明される。例えば、怒りや悲しみなどの抑圧された感情を解放すると、ストレスやトラウマからの回復を促進することができると考えられている

前頭葉の言語野も刺激され、認知症の予防にもなります。

たわいもない会話でも友達とときどき話すだけで気分転換になり、また明日頑張ろうという気持ちになります。

会話をすることはクイックマッサージのように、一時的な心のメンテナンスには最適です。

家族との会話の機会がもてない高齢者が、傾聴ボランティアと話をする機会があるのは心の健康にいいことです。

しかし、カタルシス効果で発散するだけでは物足りなさもあります。

カタルシス効果は初期ほど効果が大きく、次第に慣れてしまうと減少していきます。

例えば、悩みを抱えてメンタルクリニックにカウンセリングを受けに行った人にとって、安心できる環境で悩みを聴いてもらえたなら、その体験は新鮮で救いになるでしょう。

しかし、毎回似たような愚痴を話しているだけでは、そのうちに虚しさを感じだし、黙って聴く以外の支援をしてくれないカウンセラーに疑問をもち始めます。

ロジャーズは著書の中で[2]、カタルシス効果をある程度は認めつつ「カタルシスを切実に求めるクライアントにとっては助けになる場合もあるかもしれないが、全般的に見て、このカウンセラーの成果は最小限にとどまり、クライアントの多くは援助を得ることができなかったという失望と嫌悪感を抱いて去っていくだろう」と書いています。

②理解される効果

人はせっかく自分の気持ちを話しても、わかってもらえている感覚がなければ虚しいだけです。

傾聴では、ただ語ってもらうだけではなく、話し手に「わかってもらえている」と感じさせるワカルシス体験（筆者造語）を提供することが大切です。

カタルシスより、ワカルシス！というわけです。

聴き手に自分の気持ちをしっかり理解してもらうことで、話し手の承認欲求が満たされるのです。

承認欲求については、ロジャーズと同じ人間性心理学[3]の提唱者であるアブラハム・H・マズロー[4]の欲求5段階説（次ページの図参照）を見るとわかりやすいでしょう。

2『ロジャーズ主要著作集2～クライアント中心療法』（岩崎学術出版社、保坂亨・諸富祥彦・末武康弘訳、30ページ）。

3 人間性心理学では、人間を自己実現に向かって進む主体的な存在と捉え、潜在的能力と自己成長能力を重視する

4『アブラハム・H・マズロー（Abraham H. Maslow、1908－1970）は、アメリカの心理学者。マズローは自己実現欲求を高次の欲求として自己超越欲求の存在を唱えたが、理論を完成させる前に心筋梗塞で他界。晩年のロジャーズの活動をサポートしていたロジャーズの娘は、アメリカのブランダイス大学のマズローのもとで修士号を取得

欲求5段階説のポイントは、「低次の欲求が満たされていない状態では、高次の欲求をもつことができない」とされている点です。

つまり、高次の欲求から低次の欲求に移行していくことは「ない」ということです。

・生理的欲求が満たされていないと、安全欲求はもてない

例　今まさにトイレに行きたい人は、生命保険に入ることを検討する気にはならない

・安全欲求が満たされていないと、所属欲求はもてない

例　経済的に大きな不安を抱えている人は、サークル活動に参加する気にはならない

マズローの欲求5段階説

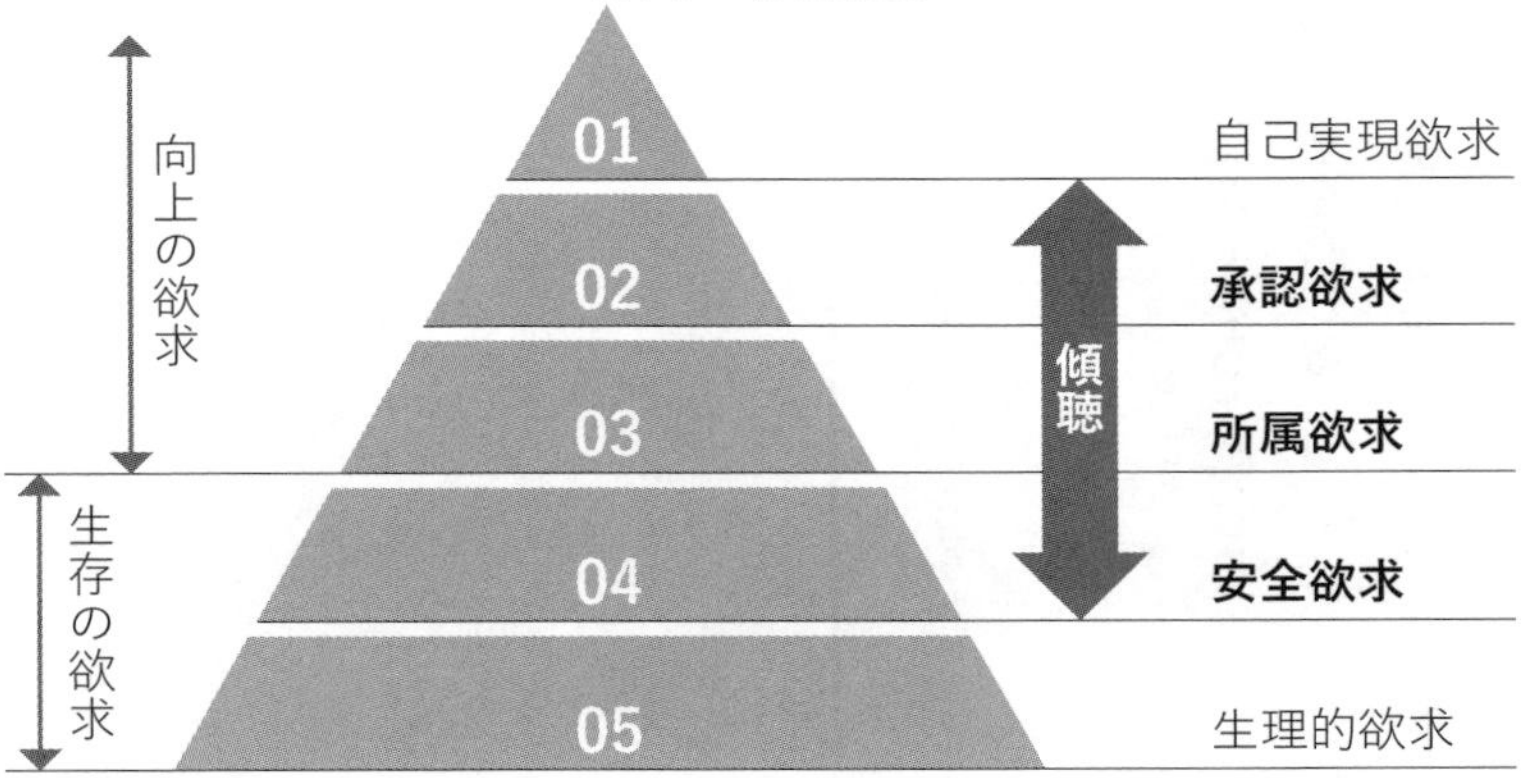

		欲求
向上の欲求	01	自己実現欲求
向上の欲求	02	**承認欲求**（傾聴）
向上の欲求	03	**所属欲求**（傾聴）
生存の欲求	04	**安全欲求**（傾聴）
生存の欲求	05	生理的欲求

・所属欲求が満たされていないと、承認欲求はもてない

例 異動して新しい職場の仲間にまだ馴染めない人は、上司に褒めて欲しいという欲求が持てない

・承認欲求が満たされていないと、自己実現欲求はもてない

例 上司から日々叱られてばかりいる人は、趣味や個人的な目標の追求に情熱をもつことができない

傾聴で必要な欲求

傾聴されることで話し手が満たされる欲求は、5段階の中の安全欲求から承認欲求までと考えられています。

・安全欲求が満たされる→この人には安心して何でも話ができると感じる
・所属欲求が満たされる→聴き手に信頼関係やつながりを感じる
・承認欲求が満たされる→聴き手は無条件に自分を受容、共感してくれると感じる

子どもや部下をほめて育てようとしても、なかなかうまくいかないのは、おそらく承認欲求の手前の、所属欲求と安全欲求が十分に満たされていないからです。

普段から批判的な上司がたまにほめてみても、手前の欲求が満たされていなければ効果は期待できません。

「本音を言ってもらえない」「指示通りに動いてくれない」「アドバイスしても受け入れてもらえない」と悩んでいる上司や親は、安全な存在と思われていないのかもしれません。

そういった意味でも安全欲求を満たす方法として、傾聴は最適です。

傾聴とは逆の態度である、否定、批判、非難のほか、頼まれてもいないアドバイスや、持論の展開等も、話し手の心を無視していることになり、心理的安全性の脅威になります。

●傾聴ではしないこと

否定、批判、非難、説得、誘導、善悪の判断、決めつけ、口先での攻撃、評価、勝手な解釈、価値観の押しつけ、教育、指導、求められていないアドバイス、ほめる、同意する、個人的な知識・経験・意見の披露、評価的・誘導的な態度

社内で上司が1on1ミーティングをやろうとしてもなかなかうまくいかない原因の一つは、評価者である上司が、同時に理解者の役割も果たそうとするためです。部下は、この二重関係にある上司に本音を話しにくいのです。

本来、評価者と理解者は分ける必要があります。

まずは、話し手が安心して自由に話せること(カタルシス効果)。そして、気持ちをちゃんと理解されていると感じられること(ワカルシス体験)。

このような基本的な欲求が満たされれば、話し手は自然とより高次の欲求を求めるようになります。

主にカウンセリングの傾聴で用いられる来談者中心療法[5]は、「答えは話し手の中にある」「問題を解決するのは話し手」という立場をとっています。

それは、傾聴の思想の根底に「第三者がよい影響を積極的に与えようとしなくても、基本的な欲求を邪魔しない限り、人間はもともとよりよい方向に自分の人生を成長させたがっている生き物である」という考えがあるからです。

5 来談者中心療法(クライエント中心療法)とは、ロジャーズによって提唱された心理療法のアプローチの一つ。個人の自己実現と成長を促進することに焦点を当て、カウンセラーとクライエントの関係性が治療プロセスの中心的な役割を果たすと考える。カウンセラーの3つの態度「誠実さ(一致)」「無条件の肯定的関心(受容)」「共感的理解(共感)」を通して、クライエントは、自己の感情や考えに対してより深い理解をもつことができ、自己受容を深められるようになることを目的とする

③自立が促される効果

あなたの気持ちをちゃんと理解してくれる人は何人いますか？

１人でもいる人は幸せです。いないという人も大勢いるでしょう。


日常生活ではせっかく自分の話をし始めても、否定されたり、意見されたり、途中で別の人に会話をもっていかれたり、何てことは日常茶飯事です。

ましてや、ちゃんと理解してくれる人などなかなかいません。

いたとしても四六時中、都合よく話を聴いてもらえるわけではありません。


現代社会で最も強力な支援者というのは、話を聴いてストレスを吐き出させてくれる人でも、いつでも依存させてくれる人でもなく、自分の心を支えられる自分です。

自分以外の支援者がいることも大切ですが、もし自分で自分を支援できるセルフカウンセラーであれば３６５日24時間「安心して悩む」ことができます。


話し手が聴き手を必要とせずに、自立するためには「話し手自身が自分を傾聴できる」ようになることです。

傾聴の真の目的は「聴く」ことではなく、話し手の自立を促すということです。

傾聴の目的は、話し手自身が自分を傾聴できるようになること

話し手自身が自分を傾聴できるようになるためには、まずは話し手が誰かに傾聴してもらう経験を通して、傾聴の仕方を少しずつ学んでいくことが一番だと思います。その経験から、話し手は次第にセルフカウンセラーへと成長していきます。

傾聴は、「聴いてあげる」「吐き出させてあげる」という上からの目線でも、聴き手が能動的に「深掘り」するものでもありません。

また、終わりのない依存的な関係をつくるものでもありません。

自戒の念を込めていうと、カウンセラーとして駆け出しだった頃、次のような傾向が私自身にもありました。

- 話し手の気持ちを発散させることだけが目的で、理解しようとしない
- プラスの方向に誘導して、話し手が気づいた風にしてしまう
- エンドレスに支援して、共依存的になってしまう

・話し手に通い続けてもらったほうが収入になるので、継続させようとする

こういう関係のつくり方は聴き手の自己満足で、傾聴（っぽいもの）の悪用です。カウンセラーになりたい人や、1on1ミーティングなどから聴くことに興味をもつようになった会社員は年々増えているように見えます。

話し手は、聴き手から受容と共感の姿勢で深く傾聴される経験を通して、自分で自分を傾聴できるようになるのです。

聴き手のミッションは傾聴によって話し手の自立を支援することであり、それが真の傾聴の意味でもあると考えます。

聴き手の目的と傾聴の目的を混在させないようにして、話し手が自分の心を自分で傾聴できるように自立を促す聴き方を目指しましょう。

話をそのまま聴く

話し手の心を、聴き手の心に映し出すように聴く方法は、よく鏡に例えられます。鏡に映ったもう一人の自分のように、聴き手から受容と共感の姿勢で耳を傾けてもらう体験は、話し手の癒やしになるだけでなく、話し手自身が自分の心を知る体験にもなります。

自宅にある鏡を思い浮かべてください。
朝、起きたばかりの状態で鏡を見た瞬間、何が映るでしょうか？
私は毎朝、起きたらすぐ洗面所に顔を洗いに行きます。
すると洗面台にある鏡には、いつも3つの「し」が映ります。
シワ、シミ、白髪です。

日を追いながら3つの「し」が増えていく自分の様子を見ていると、人生の終わりを予感させられて残念な気分になります。
でも、そんな見たくないものまでも過不足なくそのまま映し出すのが、鏡の役割です。

紳士服専門店の全国チェーンで働いている同級生から聞いた話ですが、その店の試着室にある鏡はすべて体が細く映るようになっているそうです。スタイルがよく見えて、洋服を気に入ってもらいやすくなるのを期待しているのだとか。

ひどい言い方をすると、その店で買い物をした人はニセ物の自分を見ていい気分になっているというわけです。

もしわが家の鏡に意思があって、気を利かせて白髪を消した姿を映し出してくれたらうれしいかもしれません。でも、それは本物の自分ではありません。

そのままの姿が映るから、鏡を見ると本当の自分を知ることができるのです。

本当の自分を知ると、自分らしい選択や行動ができるようになります。

いいも悪いもなく白髪は白髪です。

「白髪があるなぁ」とそのままの自分を受け入れることで、今まで「白髪があるのは悪いこと」と思っていたのに、「白髪があってもいい」と変換できるようになります。

「鏡に映し出された自分をそのまま見る」、傾聴の理論もこれと同じで「鏡に映し出すように、そのまま聴く」のです。

聴き手は、話し手の本当の姿を映し出したら「傷つくのではないか？」「嫌われるのではないか？」と心配する必要はありません。

傾聴の現場では、そのまま映さないことで起きている問題のほうが多いのです。

話し手の心をポジティブにしか映し出さないのは、ある意味残酷です。

ネガティブなことに触れない表面的な親切は、話し手に「私は、あなたのポジティブな面しか受け取るつもりはありません」「ネガティブなあなたは拒絶します」と、条件つきで愛情を伝えていることになります。

あるいは「聴き手は、ネガティブな話を受け止めるだけの度量がない」と、話し手が感じてしまうかもしれません。

どちらにしても、話し手は「ネガティブなことは話さないほうがいい」と学習してしまい、マイナスな感情は話さ（せ）なくなります。

聴き手は話し手のそんな姿を見て、元気になったと勘違いして喜ぶことが多いものです。

反対にネガティブな話でもそのまま聴いてもらう経験をすると、話し手は肯定的な面だけでなく否定的な面もすべてが自分であると思えるようになり、ネガティブな自分の感情も受け止め始めます。

聴き手は、話し手の鏡になる

鏡は人を選びません。鏡は心を選びません。

聴き手は鏡のように、どんな話し手であってもその人の心をそのまま映し出すように聴くのがいい傾聴なのです。

傾聴に使われる鏡には、主に次の5種類があります。

①体験の鏡
②確認の鏡
③内省の鏡
④関係の鏡
⑤態度の鏡

傾聴では、主に①〜③を使って進みます。

その他に、自動的に働いている鏡として④⑤があります。

どのような鏡なのか見ていきましょう。

①体験の鏡

言葉には、話し手の心がよく表れています。

体験の鏡とは、話し手のわかってほしい気持ちを、聴き手は頭で理解するだけでなく自分の心の鏡で感じながら理解します。


まず聴き手は、自分の心で話し手の言葉をそのまま受け取ります。そして、自分の心の鏡に話し手の話をそのまま映し出しながら聴き続け、話し手と同じ「体験」をするように努めます。このことから「体験」の鏡と呼びます。


話を聴いていると、聴き手の個人的な意見や好みが湧き上がってくることがありますが、それと話し手の体験とは分けながら聴きます。

話し手の気持ちをそのまま受け取るというのが、重要です。

「私は（も）、それは違う（正しい）と思う」→「あなたは、そう思っているんだなぁ」
「私は（も）、それが好き（嫌い）だ」→「あなたは、そう感じているんだなぁ」
「私は（も）、その意見に賛成（反対）だ」→「あなたには、そういう意味があるんだなぁ」
「私は（も）、それでいい（悪い）と思う」→「あなたにとっては、それが大事なんだなぁ」

②確認の鏡

確認の鏡とは、聴き手の心にある体験の鏡（①）を、話し手に映し返すことです。話し手の話を過不足なく言語化して映し返します。その理由は、理解のずれや間違いがないか話し手に「確認」をとるためで、このことから「確認」の鏡と呼びます。

確認の鏡は、傾聴では「くり返し」や「伝え返し」と呼ばれているスキルです。くり返しとは、話し手が体験を語るとき使った言葉の中からポイントとなる単語を一言二言返す技法。一方の伝え返しとは、全体として言わんとしている内容を要約して返す技法です。

どちらの語源も「reflect」（リフレクト／反映する）です。

「あなたは、そう思っているんですね」
「あなたは、そう感じているんですね」
「あなたには、そういう意味があるんですね」
「あなたにとっては、それが大事なんですね」

このようにくり返すことは確認の意味以外にも、話し手に「ちゃんとあなたの話を聴いて、理解しています」ということを伝える役目もあります。

③内省の鏡

聴き手からくり返しや伝え返しをされると、話し手はその内容が「その通り」「いや、何か違う」等、自然に自己との対話を始めます。

これがいわゆる「内省」という行動です。

内省の鏡とは、聴き手から映し出された確認の鏡（②）を、自分の心の鏡に映し出して内省をすることです。

また、聴き手から「あなたは、そう思っているんですね」と話のポイントをうまく返してもらえると、「自分はそういうことだったんだ」「そうそう、そういうこと！」と、気持ちを理解してもらったことで、話し手が安心して次に話を進めやすくなる、という効果もあります。

内省が起きているとき、話し手は自分を傾聴しているのです。

このことからも、聴き手は話し手の内省が起きやすいように聴くのが、いい聴き方のポイントだとわかります。

内省が起きやすいように聴くには、まず、体験の鏡（①）で話し手の話をそのまま受け取ります。そうしないと、おかしな色がついた状態で確認の鏡（②）に映ってしまいます。

体験の鏡と確認の鏡の質が、内省の鏡（③）の質に影響するということです。

傾聴では、体験の鏡、確認の鏡、内省の鏡の３つを循環させながら対話を進めます。

④関係の鏡

関係の鏡は、傾聴する人に特に知っておいてほしい鏡です。

人の話を聴きながら、こんな思いが沸き上がってきた経験はないでしょうか。

「この人、常識がない人だなぁ」と、話し手に腹が立つ

「この人、私よりすごい人だなぁ」と、話し手に劣等感を抱く

「この人よりは自分のほうがマシだ」と、話し手に優越感を抱く

「反論したくなってきた」と、話し手に自己主張したくなる

「アドバイスしたくてたまらない」と、話し手に頼まれてもいないのに、知っている知識でアドバイスしたくなる

これらはすべて聴き手の心が、話し手の話に映し出されて、聴き手の感情が動かされてしまっているのです。

このように、話し手が聴き手自身を映し出す鏡となることを、関係の鏡といいます。

例えば、子どもは誰しも言うことを聞かないものですが、子育てに自信がない親ほど、子どもに腹を立てやすかったりします。

これは、言うことを聞かない子どもを見ていると、ちゃんと自分が親の役目を果たせていないような気持ちになるからでしょう。

親は、子育てに自信がもてない自分の姿を、子どもを通して見せられているのです。

「人と出会うことは、自分と出会うこと」

私は、傾聴の師匠からずっとそう言われてきました。

人と向きあっていると自分の本心が相手に映し出されて、おのずと見えてしまうのです。

聴き手が関係の鏡の仕組みに気づかないまま傾聴していると、自分の感情が動いてしまい、うまく聴けなくなることがあります。

話し手の話をそのまま体験の鏡（①）に映すことよりも、自分の感情を優先してしまい、確認の鏡（②）で、話し手の話をそのまま返せなくなってしまうのです。

聴き手は、ただ鏡になって聴いているだけでなく、話し手を通して自分の姿を見せられていることを、ぜひ知っておいてください。

それを覚えておくだけで、自分の感情の動きに対処しやすくなります。

⑤態度の鏡

態度の鏡とは、聴き手の「態度」が話し手に移っていく、という鏡です。
ポジティブな人が多いグループにいると、自分もポジティブになってきます。
ネガティブな人が多いグループにいると、自分もネガティブになってきます。
優しい人が多いグループにいると、自分も優しくなってきます。
悪いことをする人が多いグループにいると、自分も悪いことをし始めます。

聴き手が緊張していると話し手も緊張するし、聴き手が不満をもっていると話し手も不満をもち始めます。
社長がやる気がないと、社員もやる気が出ないのと一緒ですね。

傾聴する人は自分がリラックスするようにして聴いたほうが、話し手もリラックスしやすくなるというわけです。

〈参考〉人間の心の中にある、さまざまな鏡の関係

ネガティブな気持ちだとそれまでポジティブだった言動もネガティブになり、ネガティブな言動をしているとそれまでポジティブだった気持ちもネガティブになることが知られています。

思考や行動、感情は、それぞれが映し合う鏡の関係にあります。

ときどき受講生から「ネガティブな話はどこまで傾聴すればよいのでしょうか？　あまり聴きすぎると話し手の気持ちがどんどん落ちてしまいそうで、話し手のためにならない気がします」という質問を受けます。

「話し手の気持ちが落ちていきそう」と感じている聴き手の多くは、おそらく勘違いをしています。落ちていきそうで不安なのは、話し手ではなくたぶん、聴き手自身です。

たとえ最初は明るく見えたとしても、話し手の心は、ネガティブな話をする前

からすでに落ちているはずです。まだ落ちていないのは、「話し手の気持ちが落ちていきそう」と不安に感じている聴き手本人です。

始めはネガティブな話をすることに遠慮していた話し手も、何を話しても大丈夫な聴き手だと感じれば、安心してネガティブな話をしてくれるようになります。

しかし、聴き手がネガティブな話を聴くのを避ければ、話し手は「聴き手を困らせたら申し訳ない」とか、「ネガティブを受け止める器が聴き手にはないんだなぁ」と判断し、聴き手のレベルに合わせた会話の深さで話すようになります。

もし深いところまで受け止めて聴きたいのなら、ネガティブな話を聴けるようになったうえで、聴くか聴かないかを決めたらいいと思います。それは遠慮でも逃げでもなく、選択です。

しかし、聴けない人が聴かないというのは、ただ「聴けない」というにすぎません。

「自分が怖い」と感じている問題を「相手が心配だから」というように、無意識に他の問題に置き換える心の動きを、投射・投影[6]といいます。

6 投射・投影（Psychological projection）は、フロイトが防衛機制の一つとして提唱。自分の内側にある問題を他者がそれをもっているとすることで、自己の不快な感情から自分を守る無意識の働きとされる

＜13の心理学用語＞心を守る無意識の働き

次は、心理学で使われる無意識に自分の心を守る働きに関する用語を13個挙げて、鏡の視点から紹介します。

いずれも、精神分析で有名なフロイト親子が提唱した、防衛機制の概念がベースとなっています。

防衛機制は精神分析において無意識の心理的なストレスや不安を軽減するメカニズムを説明するうえで重要な概念とされていますが、特別なものでなく、誰もが不安なく生きるために身につけている当たり前の機能です。

傾聴では、防衛を示している人に指摘をするのではなく、防衛したくなる気持ちがあるその人を受け止めて聴きましょう。

傾聴に必要なのは教えてあげる「指示」より、理解者になる「支持」です。

なお、日本語の「うつる」には**【映る】【移る】【写る】**の3種類の漢字と意味があります。

それぞれ使われる用途は違いますが、3つとも、もとの場所から違う場所に移動かコピーするという意味は共通です。ここでは3つを区別せず平仮名の「うつる」に統一しています。

①【抑圧】意識下では不都合な欲求や苦痛な体験などを、無意識下に「うつし」封じ込めて忘れようとする心の働きのこと

例 職場に不満はたくさんあるが、辞めるわけにはいかないので淡々と働く

②【投射】自己の悪い面を認めたくないときに、自分の問題を他人の問題であるとゆがめて「うつし」、他の人にその悪い面を押しつけること

例「あなたのために」というが、実は自分が言いたくて仕方がない

③【同一視】自分の中に自分以外の名声や権威を「うつし」、自分を高めようとすること

例 知り合いに芸能人がいることを自慢する

④【取り入れ】他者の感情や価値観を自分の中にあるものとして「うつし」、受け入れること

例 子どもがウルトラマンになったつもりで、お父さんに本気で顔面パンチをする

⑤**【合理化】**満たされない欲求に対して、自分が納得しやすいよう想像や推測をまるで事実であるかのように「うつし」、適当な理由づけをして心の安定を図ること

例 うわさ話全般（きっと、たぶん、もしかして、かもしれない、違いないという会話）

⑥**【反動形成】**受け入れがたい観念が抑圧された結果、本心が逆の形に「うつされ」、反対の行動に置き換わること

例 男の子は、好きな女の子に意地悪をする

⑦**【分離】**思考、行動、感情が矛盾した行動として「うつされ」、表現されること

例 タバコは体に悪いとわかっているが、やめられない

⑧**【退行】**耐えがたい事態に直面したとき、現在より幼い頃に「うつされ」ること

例 弟が生まれたら、お姉ちゃんが甘えん坊になる

⑨**【逃避】**葛藤を起こす状況から逃げたいとき、別のことに興味が「うつされ」、不安や恐怖から逃げようとすること

例 やらなければいけないことをせず、趣味に没頭して気持ちをごまかす

⑩**【打ち消し】**罪悪感を抱く行為をした後、それを打ち消すように、類似または逆の行動に興味が「うつされ」、葛藤をなくそうとすること

例 ＜類似の行動＞パチンコの負けを、競馬で取り戻そうとする

例 ＜逆の行動＞子どもを叱った後、優しい言葉をかける

⑪ **【置き換え】** 本来の欲求が達成困難なとき、欲求を本来とは別の対象に「うつし」、心の充足を図ること

例 商品Aが高額で買えないため、それより安い商品Bを買って心を満たす

⑫ **【昇華】** 反社会的な欲求や感情を、社会に価値ある行動へと興味を「うつす」こと

例 乱暴な攻撃性をスポーツに熱中することで紛らわす

⑬ **【転移】** 過去の重要な人間関係の感情や態度を、現在の他人（特に治療者）に「うつす」こと

例 患者がカウンセラーに対して、親や他の影響力のある人物に対して感じたのと同様の愛情や敵意を抱く

傾聴とは？

ここまできて今さらという感じですが、そもそも傾聴とは何でしょうか？非常に簡潔にいうと、アメリカの心理療法家ロジャーズ（25ページ参照）が１９４０年代に提唱した、来談者中心療法（62ページ参照）をベースにしたコミュニケーションをとるときの聴き方となります。

１９４０年代以前にセラピストの間で主流だった、分析の伝達や指示的な関わりではなく、傾聴の中核3条件と呼ばれる、一致、受容、共感の３つの態度を大切に聴くのが特徴です。

【一致（congruence）】

一致とは「私が、私であることをそのまま認める」ことです。

自分が思う自分（自己概念）と実際の自分（経験）の重なりが多いほど一致の度合いが大きく、自己矛盾が小さくなります。

一方、自己概念と経験の重なりが少ないほど、一致の度合いが小さく自己矛盾が大きくなって、心理的な問題を抱えやすくなります。

例えば、「自分は上司からもっと評価されるべきだ」という自己概念をもっている部下は、経験との重なりが少ないので、一致が小さく現実の評価に対して不満が大きくなります。

聴き手の場合、「聴いている最中は、自分の意見を言ってはいけない」という自己概念が強いと、自分の意見を言いたい気持ちが湧き上がってきたときに放置すると、自己矛盾が生じ不一致の度合いが大きくなってストレスを強く感じます。

不一致の状態を一致に近づける選択肢は、2つ考えられます。

1つは、傾聴力を高めて経験を自己概念に近づけること。

もう1つは、うまく聴けない自分と折り合いをつけて、自己概念を経験に近づけていくことです。

ちなみにロジャーズは後者の、自分を受け入れることの誠実性を強調しています。

ロジャーズは研究の中で、セラピストの一致の度合いとクライエントの回復の間に関係があることを見いだしました。

そのため3条件（一致、受容、共感）の中では、まず一致が大切であるとしています。

私は傾聴を学び始めた初期、さまざまな学校に足を運びました。

そこでは「自分の意見を言ってはいけない」という禁止や、「自分の言いたい気持ちは抑えて黙って聴き切らなければいけない」「共感を示さなければいけない」という義務の傾聴をたくさん教わり、傾聴はとても難しくてまるで修行みたいだと思っていました。

それを信じて真面目にやろうとすればするほど、苦しくて仕方がなかったのです。

その後、一致という概念の本当の意味を知るに

自己概念と体験

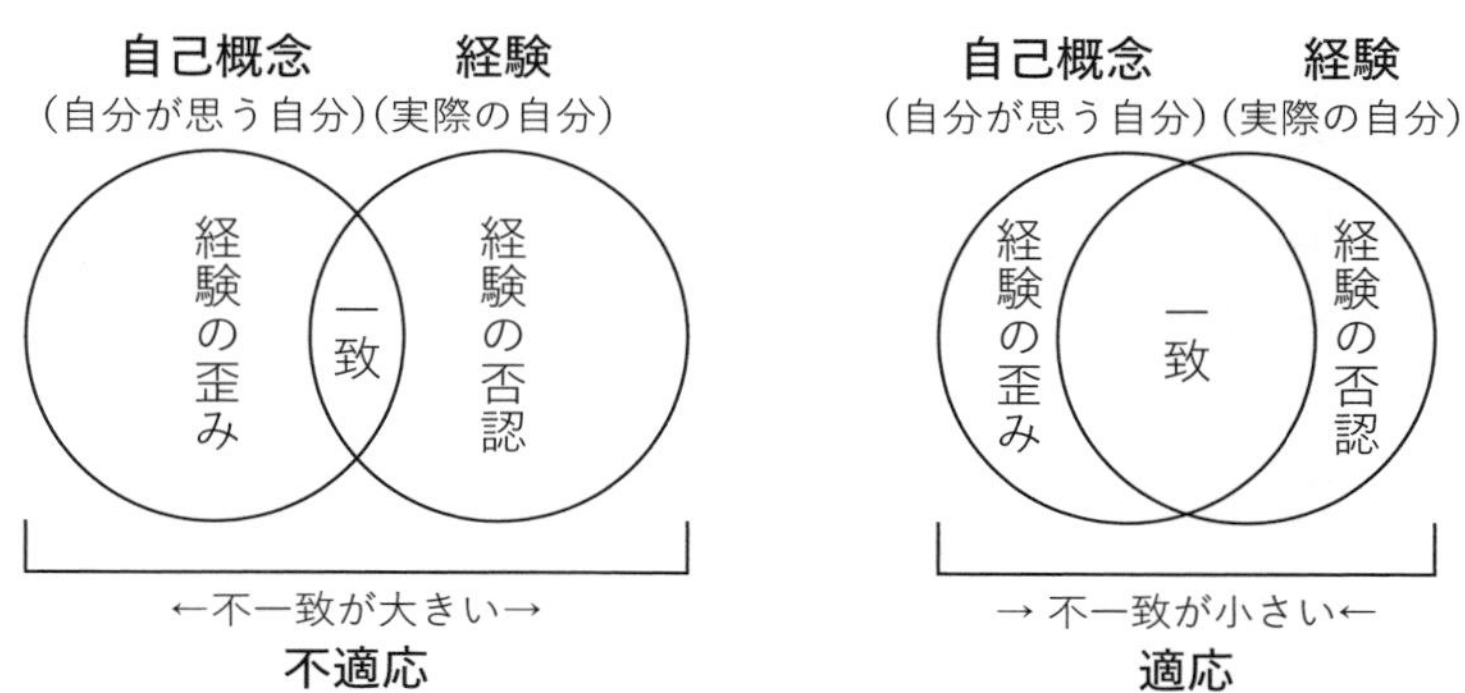

出典：『ロジャーズ主要著作集２～クライアント中心療法』（カール・R・ロジャーズ著、岩崎学術出版社、保坂 亨・諸富祥彦・末武康弘訳、353ページ）筆者一部改変

したがって、スキル自体は上がらなくても、楽に聴けるようになってきました。
きっとみなさんも一致の本当の意味がわかれば、楽に聴けるようになるはずです。一致はとても大切でこの本の核心部分でもあるので、117ページでも解説します。

【受容（Unconditional Positive Regard）】

受容とは「あなたが、あなたらしくある様子を、そのまま眺めている」ことです。否定、批判、非難、意見の押しつけ、決めつけ、誘導、悪いだけでなくいいという判断もせず、温かいまなざしで眺める様子が受容です。

受容の語源「Unconditional Positive Regard（ＵＰＲ）」は、専門書に「無条件の肯定的配慮」と訳されていたりしますが、この訳は個人的には本来のＵＰＲの意味をうまく表せていないように感じています。

【肯定する】を「同意を示す」「ほめる」、【配慮する】を「気をつかう」「忖度する」と訳してしまうと、受容の間違った理解につながってしまうと危惧しています。

受容とは、例えばこんな雰囲気です。

電車の中でお母さんに抱っこされた赤ちゃんが、大きな声で泣いている様子を温かいまなざしで「ああ、赤ちゃんが泣いているわぁ……」と眺めている。そんな雰囲気が受容をよく表しています。

「おっしゃる通りです」と賛成を示したり、「あなたはあなたのままで素晴らしい！」とほめたりすることは、受容ではありません。

そのように「～してあげる」行動（doing）ではなく、温かく「そうだなぁ」と無評価、無判断、無選択に眺めている態度（being）が受容です。

【共感的理解（empathic understanding）】（共感とも）

共感的理解（以下、共感。理由は後述）とは「あなたと同じ感覚をもって、あなたをそのまま理解する」ことです。

「あなたは、その事柄について、そう感じているんだなぁ……」
「あなたにとって、その事柄は、そういう意味をもっているんだなぁ……」
「あなたはそれが大事だと思うから、そのように主張するんだなぁ……」
あなたがどう感じているか、どう受け止めているか、あなたにとってそれはどのような意味があるのか、話し手の価値観や感覚を通して相手を理解している状態です。

このように、個人の物事の受け止め方や感じ方を決めている基準になっているもののことを準拠枠[7]といいます。

同じ映画を見ても、感動する人としない人がいるのは、人それぞれ準拠枠に違いがあるからです。

例えば、すごく急いでいるときに、乗りたい電車が遅れていたら準拠枠は「イライラする」という反応を導き出すでしょう。

一方、大嫌いな人との飲み会にいやいや行く途中で電車が遅れていたら、準拠枠は「ラッキー」という反応を導き出すかもしれません。

いい傾聴は、その人の準拠枠「を」理解することであるのと同時に、その人の準拠枠「で」物事を理解できるように聴くことです。

共感はよく「あなたは〜なのですね」と伝える行為と誤解されています。

受容同様に伝える行為（doing）が共感的理解ではなく、「あなたは今まさに、そう感

7 準拠枠（Internal Frame of Reference）とは、内部的準拠枠や内的照合枠などと呼んだりもする。個人が自身の経験や感情を理解し解釈するために使用する個人的な視点や基準の枠組みのこと。信念、価値観、過去の経験などすべては特定不可能なさまざまな要素から構成され、人間がどのような知覚、思考、行動、選択をするかを決める重要な要素。カウンセリングでは、クライエントの準拠枠を理解することが、その人の経験や問題を深く理解するかぎとされている

じているんだなぁ」と、聴き手が体の中で感じている状態や態度（being）が共感です。

また、「私がもし、あなたと同じ立場なら○○と感じるだろう」と、相手の立場に立って考えるというのも違います。

立場だけ相手と同じにしても、思考や感じ方が自分のままだったら相手を共感的に理解しているとはいえません。

「あなたは、どう感じているのだろうか？」という視点に立って、「そういう準拠枠のあなたであれば、当然そのように受け止めるよね」と、相手の感じ方の「当然」を理解します。

また、共感は同感とは異なります。

同感は、「私も同じ経験があるからわかる」「私はそれが嫌い」「私もそう思う」という、「私」が主語となる主観的な感じ方です。

共感は、主観的ではなく「あなた」が主語となる客観的な理解です。

ただし、自分との違いを冷たく評価するような客観性ではなく、受容の温かいまなざしを伴った客観性です。

なお、傾聴を専門的に学んだことがある人は、「共感」という言葉はあまり使わず、「共感的理解」といいます。これは、共感の語源が「Empathic Understanding（EU）」「感情移入的に理解する」からきているからです。「感情移入的に理解する」ではさすがにわかりにくいため、「共感的理解」と訳されることが多いようです。

しかし共感的理解でもまだわかりにくいため、最近は「共感」と書かれることが多くなりました。共感的理解と書くと長いので、本書でも「共感」と表記しています。

国語の辞書に出てくる一般名詞としての「共感」と、傾聴の「共感」は語源が違うのです。

ある辞書では共感は「他人の意見や感情などにその通りだと感じること」と出てきます。しかし傾聴の視点から見ると、これは先ほど紹介した「同感」です。同感と共感の違いを理解すると、傾聴の混乱を防ぐことができます。

傾聴の基本的なスキル～3種類のあいづち

本書は基本的な傾聴スキルを解説するための本ではないので、技法についての詳細は割愛しますが、あいづちには以下のような3種類があります。

共感のあいづち

傾聴で最も大切な、共感の姿勢を伝えるためのあいづちです。

「あなたは本当に〇〇なんだなぁ」と感じとったうえで、それをあいづちとして伝えます。

×「そうですよね」→同感、同調

〇「（あなたにとっては本当に）そうなんですね」→共感

踊るあいづち（ペーシング）

2人で対話するためには、2人のペースが同じになっていないとうまくかみ合いません。

話し手をよく観察し、同じ声色、声の強さ・高さ、話し方、スピード、雰囲気で、話し手に合わせるようにあいづちをします。
「踊る」とは、話し手と聴き手のペースを合わせるということです。
あいづちで話し手に関わりながら、深く対話できる関係をつくっていきます。

間をとるあいづち

聴き手はロボットではないので、話し手の発言を聴いた瞬間に即座に適切な応答ができるわけではありません。

話を整理したり話し手との関わりを整えたりする、間が必要な場合があります。

例えば「あー（間）、そうなんですね（間）」と、あいづちでゆったりと間をとりながら、落ち着いて応答できる準備を整えます。

傾聴の基本的なスキルについては、私の著書『「ねえ、私の話聞いてる？」と言われない「聴く力」の強化書――あなたを聞き上手にする「傾聴力スイッチ」のつくりかた（第2版）』（自由国民社）も参考にしてください。

感情表現から、傾聴の深さを知る

「一致、受容、共感の姿勢で、深いレベルにまで聴き手の話を聴けば、話し手の誰もが変化するのか？」と聞かれたら、「いいえ」とお答えします。

話し手の心の状態や、もって生まれた資質が大きく関係するのです。

また、悩みがない人や、自分の心に関心がない人に深い傾聴を試みても、変化がないことはよくあります。

1on1ミーティングで、いくら上司が部下のことを丁寧に傾聴しても、部下が業務内容に何も問題を感じていなければ、表面的なただの雑談で終わってしまうことはよくあります。

そもそも、心とか生き方とか、そんなものに興味がないという人は世の中にたくさんいます。

そういう人が傾聴に求めるものは、話してすっきりしたいカタルシス効果（56ページ参照）しかありません。

一方、深い傾聴で変わっていくのは、自己探求に関心があったり、日ごろから思うところがあったりして、自分の心や気持ちに関心があるような人たちです。

まさにこの本を手にしてくれている、あなたのような人です。

私は、話すテーマではなく「話の深さ」と「話し方」にそれが表れると感じています。

例えばラーメンについて語るにしても、

「昨日、たまたま入ったラーメン屋、結構おいしかったですよ。醤油豚骨で見た目よりあっさりしていて、餃子セットもお得でした！」

と浅いレベルで軽快に語る人は、聴き手がいつまで聴き続けても変化は起きません。

しかし「昨日、たまたま入ったラーメン屋、芸術的というか、つくっている人のこだわりというか魂を感じたんですよ（間）。若い店長なのによくあんな繊細なラーメンがつくれるもんだなぁと感心というか、すごいなぁと思って（間）。そうしたら、たかがラーメンなんだけどそのラーメンから『お前は、何でも雑すぎるんじゃないか！』って言われているような気がして（間）。何か自分も丁寧に仕事しなきゃいけないよなぁ、そんな気持ちになったんです（間）」

このように自分の内側に深く触れながら考える人の話し方は、ゆったりとした間や、落ち着いた雰囲気があり、傾聴で変化が起きやすい話し手のタイプです。
そこには心の深さがあるからです。

人は自分の内側の深いところに意識を向け、今までの経験をベースにものを考え、自分のことを語りながら自身を深く理解します。

この自己理解の流れをユージン・T・ジェンドリン[8]は、フォーカシング[9]と名づけました。

感情レベルごとの聴き方

傾聴の程度を説明する際に、「深い傾聴」「浅い傾聴」という表現をすることがあります。受講生から「どんな傾聴を目指せばいいのか？」という質問を受けることがありますが、話し手の感情レベルに合わせて、段階を追って聴いていくのが、結果として深い傾聴につながるのではないかと思います。

話し手の感情表現から、傾聴の深さを確認するツールとしてつくられたのが、ＥＸＰスケール[10]です。

ＥＸＰスケールは本来、話し手の話す内容から感情レベルを知るためのツールで、聴

8 ユージン・T・ジェンドリン（Eugene T. Gendlin、1926−2017）は、アメリカの哲学者、心理療法研究者でフォーカシングの技法を開発。哲学が専門だがシカゴ大学でロジャーズがセンター長を務めるカウンセリングセンターへの参加を認められ研究メンバーになった。ロジャーズは聴き方についての言及をやめたが、ジェンドリンは著書の中で絶対傾聴など聴き方について積極的に言及した。ロジャーズより24歳若く教え子といえる年齢だが、1960年以降のロジャーズの理論の発展にジェンドリンの功績は欠かせない

9 フォーカシングとは、個人の内面にあって今までの体験に深く関係しているが、言葉では表現しづらい

き方のレクチャーに直接使うものではありません。

しかし、本書では、話し手への関わり方を考えてみる視点で、少々独断ではありますが、EXPスケールをベースにした聴き方を解説してみようと思います。

EXPスケールは、感情レベルを7段階もしくは5段階で評価します。

本書は、これを8段階（下の表参照）にしてより細かくレベル分けをしました。

聴き手ができることは、話し手から高い感情レベルの表現があった場合は、それにしっかり応答することです。反対に低い感情レベルの表現にはあまり深く関わらないことです。

発話内容の感情レベル8段階

※レベル0：聴かない

浅い傾聴 ↕ 深い傾聴

第１段階「事柄」を聴く	レベル1	「話し手と関係ない事柄」を聴く	（例）品川駅は目黒区にある
	レベル2	「話し手と関係ある事柄」を聴く	（例）昨日、品川に行った
第2段階「気持ち」を聴く	レベル3	「直接的な気持ち」を聴く	（例）友達に会えてうれしかった
	レベル4	「意味や価値、ニュアンスに関する気持ち」を聴く	（例）「やっと」旅行に行けた （例）確かにそれ「も」ある
第3段階「感じ」を聴く	レベル5	「今ここにある感じ」を聴く	（例）何かモヤモヤした感じがする
	レベル6	「あいまいな感じとのやりとり」を聴く	（例）何というか……うーん
第4段階「感じの変化」を聴く	レベル7	「しっくり感の表明」を聴く	（例）そうだ！　そうだったんだ！
	レベル8	「未来に前進する感じ」を聴く	（例）こうすればいいんだ！

ぼんやりとした感覚（フェルトセンス）*に焦点を当て、その感覚を言語化することで自己理解を深め、自己の成長と変化をもたらすことを目指す療法。ロジャーズの人間中心アプローチの延長線上にあり、ロジャーズの理論の発展に貢献した

*フェルトセンスとは、人が今この瞬間に漠然と「感じている」身体感覚のことで、ジェンドリンが名づけた。（例）何か気になる、何とも言えない、何かモヤモヤする、何かざわざわする。はっきりした感覚ではなく、何となく感じるものだが、そこに意味が含まれているとされる。あるいは、何となく感じている感覚自体を表すことも。フェルトセンスは瞬間ごとに変化していくものであり、その変

簡潔にいうと、聴き手はより高い感情レベルの表現が話し手の話に増えるような聴き方を目指せばいいということです。

次からは、それぞれの段階とレベルごとの聴き方を解説します。

第1段階：「事柄」[11]を聴く

・レベル1「話し手と関係ない事柄」を聴く

・レベル2「話し手と関係ある事柄」を聴く

レベル1と2の「事柄」の違いは、本人に直接関係があるか、ないかです。

事柄は事実なので、レベル3で聴く「気持ち」よりも明確でわかりやすいのが特徴です。

とはいえ、事柄の理解不足は話し手に不信感を与えます。

しかし、正確に理解したからといって信頼度が高まるわけではない衛生要因[12]です。

事柄の理解は、聴き手が話し手との信頼関係づくりの前にやらなければならない、一種のマナーのようなものです。

化の流れを「体験過程」と呼ぶ

10 EXPスケール（Experiencing Scale）とは、クライアントの発言について感情の深さを評価するためのもの。ロジャーズとの共同研究の中からジェンドリンを経て、M・H・クライン（M.H.Klein）らによって開発された。音声録音の記録からクライエントの発言を分析し、体験の深さを1～7のスケールで評価する。低い値は事実や外部の出来事に焦点を当てていることを示し、高い値はより深い感情的な体験や内面的なプロセスにアクセスして探求していることを示す。その後5段階の改定版もつくられた

▼事柄の理解がずれている例

若者Ａ：昨日ベイブリッジに行ってきました
若者Ｂ：私も行ったことあります。７色に光ってきれいですよね
若者Ａ：……（それはレインボーブリッジです）

客：（カレー店にてメニューを指さして）これは何（ナン）ですか？
店員：はいナンです。ライスも選べます
客：……（何カレーかを知りたいのに）

妻：夕食は何がいい？
夫：夕食っていえば、先週出張先でお客さんに連れて行ってもらったうどん屋、うまかったなぁ
妻：じゃぁ夕食うどんにする？
夫：いや、うどんの気分じゃない
妻：……（夕食の話はどこへ行った？）

11 事柄とは、5W1Hをつかって表現できる、情報、状況、症状、物体、原因、理由など
【Who（誰が）】人
【What（何を）】行動、事象、物
【When（いつ）】時間、時期
【Where（どこで）】場所
【Why（なぜ）】理由、原因
【How（どのように）】方法、手段

12 衛生要因とは、アメリカの臨床心理学者フレデリック・ハーズバーグ（Frederick Herzberg、1923－2000）が提唱した、職場のモチベーション等に関する二要因理論で使われる
【衛生要因】なければ不満だけれどあっても動機づけにはならない要因
【動機づけ要因】満足度と質を高める要因

傾聴では気持ちを主に聴くので、事柄の正確な聴きとりはあまり関係ありません。

でも、聴き手が事柄すら理解できなければ、話し手の気持ちを理解することはさらに困難になります。


私は、傾聴の講師だけでなく、13年間記憶法の講師もしています。

傾聴とは関係ありませんが、事柄を理解するのには記憶法が最適なので、ここで簡単に紹介します。

●記憶の原則

①イメージにして記憶する
②メモを取ると頭に入らない
③数とゴールを明確にする

①イメージにして記憶する

文章（文字）だけでは、記憶に残りません。

言葉を覚えようとせず、記憶したい事柄をイメージします。

「見えた」ものは記憶によく残ります。

脳は頭の中でイメージしたものと実際に見たものの区別がつかないので、覚えたい事柄のイメージをはっきり思い浮かべながら事柄を聴くと、記憶に残りやすくなります。

②メモを取ると頭に入らない

メモを取りながら、話し手の話を聴かないことです。

脳は同時に1つのことにしか集中できません。

メモをとっている最中は書くことに集中しているため、記憶がおろそかになります。また「メモを取ったから後で見ればいい」という意識になり、その場で覚えようとしなくなります。

・まずしっかり話を聴いて覚えようとする

・その後に覚えている内容をノートなどに書き出す。理解できていることと、できていないことがはっきりわかる

・理解できていないことは、もう一度その場で確認をとらせてもらう

疑問を持ってから質問をすると、返ってきた答えが記憶に残りやすくなります。

まず、話し手の話に集中して覚えようとしながら聴くこと。その後、ノートやメ

モはインプット用ではなく、アウトプット用に使うのがポイントです。

③数とゴールを明確にする

話し手に何かを伝えるときにも、工夫が必要です。

一般的には、３つ以上の情報が同時に与えられると脳は混乱し始めるので、３つずつに区切って伝えたほうが伝わりやすくなります。

終わりが見えない話は集中力が切れてしまうので、先にゴールを伝えてから話始めたほうが理解されやすくなります。

・最初に何個伝える予定なのかを伝える

例　今から５つのポイントを説明します

・詳しい説明をする前に、まず全体像を手短に伝える

例　５つの内訳は、１つ目は○○、２つ目は○○、３つ目は○○

・要点や結論を先に伝えてから、詳細な説明をする

例「１つ目の○○のポイントは××です。どういうことかといいますと……」

・最後にちゃんと伝わっているか、話し手に内容を復唱してもらう

第2段階：「気持ち」を聴く

・レベル3「直接的な気持ち」を聴く
・レベル4「意味や価値、ニュアンスに関する気持ち」を聴く

レベル3の「直接的な気持ち」は、事柄への反応としてはっきり表れる感情です。

例 プレゼントをもらって（事柄）、うれしかった（過去への気持ち）
例 納品が間に合って（事柄）、ほっとしています（現在の気持ち）
例 来週の旅行が（事柄）、楽しみです（未来への気持ち）

「仕事（事柄）が、つらい（気持ち）」というように、気持ちや感情は事柄について直接的に表現できます。

初心者向けの傾聴の学習はだいたい直接的な気持ちのくり返しからはじまりますが、直接的な感情表現は、明確に表現されるので比較的聴きとりやすく傾聴の練習に適しています。

聴き手は、事柄ではなく、話し手の気持ちや感情を中心に返すのがポイントです。

傾聴学習の初期によく「気持ちを聴きましょう」と習うので、「うれしかったんですね」「ほっとしているんですね」「楽しみなんですね」と、気持ちを表す言葉のくり返しの練習をした方も多いでしょう。

気持ちを表す言葉のくり返しは日常的な聴き方とはだいぶ違うので、傾聴の雰囲気を知ることができます。

しかし、直接的な気持ちをくり返しているだけでは、なかなか話が深まらず同じ話がグルグルくり返されてしまう困った事態になることもあります。

以前お会いした、傾聴が専門の大学教授は、直接的な気持ちを表す言葉は、ほぼくり返しをしないと言っていました。私も直接的な気持ちは、くり返すときとくり返さないときがあります。

初対面の人との関係づくりの段階や、話し手から強い意志をもって表現されたときなどは、話し手の気持ちをしっかり、比較的丁寧にくり返しをします。

しかし、すべての感情をくり返すとうっとうしいので、気持ちをしっかり込めた「踊るあいづち」（91ページ参照）に置き換えるときもあります。

レベル4の「意味や価値、ニュアンスに関する気持ち」とは、形容詞や形容動詞で表現される直接的な気持ちではないけれど、「やっと」「～だけど」「ちょっと～」など、話し手にとっての意味や微妙な感じ方が含まれる表現です。

▼意味や価値を表す言葉（一部）

「やっと○○」→積年の思い

「○○だけど」「○○が」→否定の思い

「ちょっと○○」→感じ方の程度

「○○かも」「きっと○○」「もしかして○○」「たぶん○○」→推測せざるを得ない自己確認

「絶対に○○」→強い意志

▼ニュアンスを表す言葉（一部）

太郎君「は」言った→事実

太郎君「も」言った→追加

太郎君「が」言った→強調、事実

品詞で分けることはできませんが、助詞や副詞などの中にもニュアンスを表す言葉はあります。必ずしも「気持ち＝形容詞」ではないということです。

一般的な解釈で「気持ち」を理解していると、何が気持ちなのかわからなくなるので、傾聴するときは気持ちの概念を広げてください。

第３段階：「感じ」を聴く

・レベル５「今ここにある感じ」を聴く
・レベル６「あいまいな感じとのやりとり」を聴く

「感じ」は、感情と関係したものですが同じではありません。

「感じ」とは、フェルトセンスのことです。

例えば、大きな仕事をやり終えたとき「うれしい」気持ちになります。

また、同僚があなたの仕事を台なしにしたとき「怒り」を覚えるでしょう。

うれしさや怒りは、明らかな感情です。

感情は、特定の出来事に直接的に反応するので、比較的わかりやすく言葉にしやすいものです。

一方、レベル5の「今ここにある感じ」は、もっと微細であいまいで、はっきりと言葉にはしにくいものです。

例えば、新しい職場に慣れようとしているとき、何となく落ち着かない「感じ」を抱きますが、その落ち着かない感じは具体的に何かと尋ねられても、明確に言語化するのは難しいものです。

新しい環境や仕事へのプレッシャー、同僚との関係性など、さまざまな要因が複雑に絡み合っていて、何となくソワソワしている感覚が「感じ」です。

不登校の子どもに学校に行きたくない理由を聞こうとしても、あまりはっきりと話してもらえないことがよくあります。

それは単に、子どもの言語機能が未発達なことだけが原因ではありません。

具体的に嫌な出来事があって行きたくない「感情」があるのではなく、原因が複雑に絡み合った何ともいえない嫌な「感じ」だから、うまく言葉にできないのです。

問い詰められた子どもは、困ってしまいます。

電子メールを書いた後に見直しながら「何か、この部分しっくりこないんだよなぁ」、コンビニに行って「今日は何となく、梅おにぎりが食べたい気がする」、朝、家を出るときに「何か、ちょっと嫌な予感がする」、これらは何となく感じているものであって、明確な理由がありません。

レベル6の「あいまいな感じとのやりとり」というのは、次のような例です。

「何というか……うーん」
「ちょっと……、何かが……違うんだよなぁ」
「困っているというか、……いや困っているんじゃないな……ムカつく……かな？」

これらの例は、レベル5の「今ここにある感じ」で、何かについて自問自答しているときに出てくる表現です。

なぜ「感情」より「感じ」のほうが深いのか

「感じ」を理解するために、「感情」と「感じ」の違いについて考えてみましょう。

怒り、喜び、悲しみなどの「感情」は比較的明確で、外から見ても理解しやすいものです。一般的には、「感情」は特定の状況や出来事に対する直接的な反応として表れます。

一方、「感じ」は体の内側に生じる、微妙で、言葉では表現しにくい内面の感覚です。「感じ」は、特定の「感情」よりももっと複雑であいまいなものです。

「感じ」は、必ず「事柄」とセットになっています。

先ほど例に挙げた「メールを書き終えた」という事柄に対して「しっくりこない」感じがあり、「コンビニに行った」という事柄に対して「梅おにぎりが食べたい気がする」という感じがあります。

しかし、事柄より先に「感じ」がくる場合もあります。

例えば、お店でランチを食べ終えて道を歩いていると、急に「何かおかしいような」感じがする。その後に「傘を置き忘れた」という事柄をハッと思い出す。

この場合「傘を置き忘れた」という事柄を思い出すより先に、「感じ」がきています。

傘を置き忘れた自分にガッカリした「感情」をもっていたら、そのガッカリ感は必ず傘を置き忘れた事柄に対する直接的な「感情」として出てきたものです。先にガッカリという「感情」がやってきて、傘を置き忘れたことに気づくなんてことはありません。

このように「感じ」と「感情」は別のものですが密接に関係しています。先に何かしらの「感じ」があるから「感情」が出てくるし、「感情」を表現している最中も何かを「感じ」ています。

「感情」は外側に「出る」反応、「感じ」は内側に「ある」反応です。したがって、話し手の自己理解を深めるには、外側に出る「感情」より、話し手の内側にある「感じ」を理解するほうが重要になります。

第4段階：「感じの変化」を聴く

・レベル7「しっくり感の表明」を聴く
・レベル8「未来に前進する感じ」を聴く

感じの変化は、話し手が何かに気づいた後に出てくる表明です。

話し手の「感じ」に耳を傾けながら聴いていくと、はたと何かに気づいたり、ぼやけていた視界がピッタリ合った感じがしたりと、今まではっきりしなかったものが明らかになっていく気づきが話し手に起こります。

レベル7の「しっくり感の表明」とは、その気づきの変化のことです。

「そうだ！　そうだったんだ！」

「なんだ、そういうことだったのか！」

「きっと、そうに違いない！」

あるいは、しっくり感がきた後に、未来に対するクリアなイメージが見えてきて、それを話し手が表現することがあります。

レベル8の「未来に前進する感じ」とはそのことです。

このイメージは、話し手が現在から未来に向かって何をするべきか、何をしたいのかが具体的な行動として見えたときに出る言葉です。

「こうすればいいんだ！」

「このままでいいんだ！」

「とりあえず、こうしてみよう！」

レベル0：聴かない

聴くことは重要ですが、いつでも気分よく聴けるわけではありません。

例えば、あなたが役職者で、部下から話しかけられたら、普通の状態なら聴いてあげたほうがいいでしょう。

しかし、聴く余裕がないときはいったん断ってもいいでしょう。


自分は役職者だから聴かねばならないという「べき思考」で無理をして聴いても、たぶんいい聴き方はできません。

イライラしながら聴いていると、そのイライラが話し手に伝わります。

それなら、聴けない状態であることを正直に伝えて10分待ってもらうとか、後で声をかけるなどしたほうがお互いのためです。

私は過去に2回、スカイダイビングをした経験があります。パラシュートがあるからだけで怖くても上空4千メートルから飛び降りられるのは、パラシュートがあるからだけではありません。トラブルが起きたとき用に予備のパラシュートがあるから、飛び降りられるのです。

傾聴も同じです。

聴く力を高めることは大切ですが、聴けないときの対処法として断る方法をもっておいて、はじめて安心して聴けるのです。

特に、相談やクレームを受ける仕事をしている人の中には、理不尽な話にいつまでも付き合わなければいけないことに悩んでいる人が多くいます。

そういう社員を抱える組織では、聴く力を高める努力だけでなく、業務の範囲を超える人格否定のような話は「これ以上聴かなくていい」という、安全を確保するためのガイドラインを用意してほしいものです。

実際、某電話相談の団体では、基準を超えた内容の場合は電話の切り方もマニュアル化しているそうです。

フランスに住む協会のメンバーの話では、フランスの小学校では「NO」を言う練習を授業でするのだとか。

「NOと言ってはいけない」と思うと、余計に聴くのがつらくなります。

聴く人も心をもった人間です。

聴く練習と併せて、上手にNOを伝える練習もしましょう。

古い傾聴と新しい傾聴

ロジャーズの傾聴と一言でいっても、第1期から第3期まであることをご存じでしょうか？

多くの人が知っている傾聴は、非指示、一致、受容、共感といった第1期と第2期の傾聴です。

古い傾聴といっても、すべて使えないわけではなくいい部分もたくさん残っていますが、誤解や理解が不足したまま伝わっていたりします。

第3期の傾聴は、ロジャーズが自分の弟子であり共同研究者のジェンドリンの発見から強く影響を受けて改定された、最新版の傾聴です。

傾聴迷子になる原因の多くは、古い傾聴のまま聴いていることにあります。

新しい傾聴にバージョンアップするためにも、まずはロジャーズの傾聴を理解しましょう。

【第1期：1940年代】非指示の傾聴

「黙って聴きましょう」「話し手が使った言葉をくり返しましょう」とロジャーズがはじめて言ったのがこの時期です。

ロジャーズが大学を卒業後、ニューヨーク州ロチェスターの児童相談所に就職した当初の支援方法は、学生時代に学んだ精神分析をベースにした指示的な療法が主流でした。

しかし、現場での経験を重ねるうちに、それらが有効でないばかりか、むしろ害があると考えるようになったのです。経験の中から、余計なことを言わずにただ聴いているほうが、カウンセリングが促進されると信じるようになったのです。

この頃、信頼のおけるソーシャルワーカー（オットー・ランク[13]の弟子のジェシー・タフト[14]）から、意味のある言葉のくり返しの有用性を教わり、それが大変役に立ったといっています。

またこの時期、実用化された録音機を使い、面談の録音を文字起こしして分析する手法を確立しました。

ロジャーズは、セラピストの応答を一語一語正確に文字化されたテキストを読み、応答の質が面談に明らかに影響を与えたことがわかりました。その後は、学生たちと一緒

13オットー・ランク（Otto Rank、1884－1939）は、オーストリアの精神学者で意志の理論を提唱した。著書『出生外傷』（みすず書房、細澤仁・安立奈歩・大塚紳一郎訳）で知られている。青年期にアドラーの紹介でフロイトと出会い養子のように支援を受ける。精神分析の発展に貢献をしたが関係性や創造性についての相違からフロイトと袂を分かつ。1936年ロジャーズに招かれコロンビア大学で3日間の研修を行った。共感の概念はすでにランクの理論の中にあったとされる。ロジャーズは「あなたの師は」との質問に対して、「オットー・ランクと私のクライエントたちです」というほど影響を受けた

に一語一語忠実に文字化された応答記録の分析に没頭しました。[15]

その成果が1942年に発売された『Counseling and Psychotherapy:Newer Concepts in Practice』（邦題『カウンセリングと心理療法―実践のための新しい概念』、岩崎学術出版社、末武康弘・保坂 亨・諸富祥彦訳）にまとめられ、「非指示のロジャーズ」として知られるようになったのです。

【第2期：1950年代】一致、受容、共感の傾聴（あり方）

「ただ黙っていればいい」「単語のくり返しをすればいい」という誤解と、それに対する批判にロジャーズは、何度も否定し訴えましたが無駄でした。

傾聴ができない人たちは、ロジャーズの訴えにいっさい耳を貸さなかったのです。ロジャーズはひどく落胆し、その後、傾聴の聴き方（リスニング）について、数十年にわたりいっさい触れなくなります。

代わりに聴き手の態度を強調し始め、のちにクライエントの変化に必要な条件を6項目にまとめた論文[16]を発表します。

聴き手の態度がクライエントの回復に与える影響について研究し、この6項目の中か

14 ジェシー・タフト（Jessie Taft、1882―1960）は、アメリカの心理学者でソーシャルワーカー。ランクの理論を広めることに貢献。クライエント中心の関係療法を提唱。ロジャーズはタフトのほかに、ランクのもう1人の弟子アレンから多くの指導を受けたとされる。非指示の聴き方をロジャーズが知ったきっかけはタフトからだったとされる

15 ロジャーズは、それまで密室で行われていたカウンセリングを、1940年代にようやく一般的に使えるようになったフォノグラフディスク（録音機）を使い、文字起こしをして可視化する逐語の手法をはじめて公の場で公開した人物としても知られている

ら評価可能な３つの要素（一致、受容、共感）を抜き出しました。それが中核３条件と呼ばれるようになったのです。

ロジャーズは中核３条件の中でも、特に一致の重要性を強調しています。

１９８３年81歳で来日したロジャーズが、埼玉県でワークショップを開催した際も、個人の成長を促すために、まず第一に必要な態度は真実性（一致）であると語っています。[17] 中核３条件の中の共感の定義については１９７４年に変更が行われましたが、一致や受容の定義については、１９８７年に亡くなるまで受け継がれていました。

多くの傾聴学習者が、一致の理解に悩むのですが、その理由は２つあると考えます。

１つ目は、一致という言葉自体が他の２つ（受容、共感）よりも、あまり日常的に使わない言葉であること。

２つ目は、一致は他の２つが日本語で「受容する」「共感する」と動詞で表現できるのに対して、一致は「一致する」と動詞では説明できないことです。

この２つ目の理由は、そもそも「受容する」「共感する」と動詞で理解していること自体が間違いです。

16 論文「パーソナリティ変化の必要十分条件（The necessary and sufficient conditions of therapeutic personality change）」（1957年発表）の中でロジャーズは、建設的な方向に人が変化するためには以下のような諸条件がしばらくの間存在し、続けることが必要だと述べている
①2人の人が心理的に接触している
②一方の人（クライエント）は、不一致の状態にあり、傷つきやすく、不安な状態にある
③もう一方の人（セラピスト）は、その関係の中で一致している
④セラピストは、クライエントに対して無条件の積極的関心を体験している
⑤セラピストは、クライエントの準拠枠を共感的に理

「うまくいっている人間関係には、一致や受容や共感という状態が存在している」とロジャーズはいい、受容や共感を「示しましょう」とはいっていません。

それにもかかわらず、それから80年あまりたった今も、日本では相変わらず受容や共感を「示しましょう」と習うことがあるのは、傾聴7不思議の一つです。

ぜひロジャーズの声に耳を傾けたいものです。

【第3期：1960年以降】体験過程と共感のプロセス

大学を辞めてカリフォルニアに移り住んだこの時期のロジャーズは、エンカウンター（グループカウンセリング）に力を入れ始めたことが知られていますが、その後、傾聴がどのように発展したかについてはあまり知られていません。

この時期、ロジャーズはカウンセリングのクライエントに限定されていた来談者中心療法を発展させ、傾聴の対象を教育、組織管理、国際関係、さらには社会変革の分野にまで広げ、パーソンセンタードアプローチと呼ぶようになりました。

それまでのロジャーズは「傾聴されると、自分の中の恐ろしいものに目を向けられるようになる」というように、根本にはフロイトと同じ抑圧理論[18]（因果論）があるように

解しながら、その体験をクライエントに伝えようとしている

⑥セラピストの共感的理解と無条件の積極的関心を体験していることが、最低限伝わっている

ロジャーズはこの6項目の条件について、来談者中心療法に限定されたものであるとも、カウンセリングの中に限った条件であるともしていない。カウンセリングの流派も問わないし、一般の人の日常的な人間関係にも当てはまるとしている

17 出典『カール・ロジャーズとともに』（創元社、畠瀬直子・畠瀬稔・村山正治編、131ページ）

見受けられます。抑圧理論とは、簡単にいうと過去の重要な人物との関係の中で抑圧することになった「本当の自分」を発見し再認識することで、問題を解決する考えです。

１９５５年以降のロジャーズは、弟子で共同研究者の24歳若いジェンドリンに影響を受け、抑圧理論から体験過程理論に近づいていきます。

体験過程については１２５ページで詳しく説明しますが、この理論では過去ではなく今ここにある体験の微細な流れとのやりとりを重要視します。

その体験の流れと対話する方法を、ジェンドリンはフォーカシング（95ページ参照）としてまとめました。ジェンドリンは、「個人のパーソナリティーは過去の重要な人から影響を受けている。しかし、自分の中で眠っている（とされる）過去に抑圧された『本当の自分』を発掘できなければ、自分らしい人生をこれからも生きられない、というのはおかしいのではないか」と考えました。

今ここに生きている自分の中には、過去に束縛された自分だけではなく、今ここに生きようとする自分もいる。それを知るヒントが、今この瞬間の「感じ」である。自分の内側にある「感じ」と丁寧にやりとりし、その意味を見出すことでよりよい人生を選択することができる、というのがジェンドリンの理論です。

18 抑圧理論は、主に精神分析において重要な役割を果たしていた。過去の重要な人物との関係における無意識の抑圧が心理的な問題の根源であるという考え。心理的な問題は、受け入れられない感情や衝動を記憶が意識から抑圧した結果として表れるものであり、抑圧されたものに気づくことで症状が解決するとされ、治療では抑圧された内容を意識化し、解析することに焦点を当てる。一方で、心理的な問題や経験を特定の内容やテーマ（例えば、過去のトラウマ）に関連づけて理解する内容理論というアプローチもある。内容理論を重視した心理療法においては、クライエントの話す内容に焦点を当て、それを分析し理解することが中心になる。クライエントが

１９７４年、72歳のロジャーズは、それまで中核３条件の共感を「状態」と呼んでいたものを、ジェンドリンの理論を引用しながら、共感は「プロセス」であると、大きな修正を加えました。

ほぼ同時期に、ジェンドリンは著書の中で、ロジャーズの共感のプロセスとまったく同じに思える「絶対傾聴」と呼ばれる聴き方を解説しています。

その後ロジャーズは、フェルトセンスと名づけられた「感じ」に注目する体験過程や共感のプロセス[19]を提唱したのち、１９８７年２月に85歳で人生の幕を下ろしました。

今日本に広まっている傾聴の多くは、第３期の最も新しい部分にはほとんど触れられていません。

使う人にも、使われる人にも優しいのが最新版の傾聴です。使わない手はありません。

ぜひ、傾聴をバージョンアップしましょう。

次の章からは、最新の傾聴にバージョンアップするポイントを見ていきます。

話す内容が心理的な問題の解決のかぎであるとみなすジェンドリンはこれらの理論に疑問を持ち、異なるアプローチとしてフォーカシングを提唱した。抑圧や特定の内容に焦点を当てるのではなく、個人の内面に生じる「感じ」や体験過程に注意を向けることに重点をおくことで、微妙な内面の感覚や感情を探究し、その中に潜む意味や洞察を発見することで、個人の深い自己理解と成長を促せると考えた

19 共感のプロセスとは、聴き手が受け止めた感じについて確認の鏡で行う理解の試みと、話し手の内面で起きる内省の鏡による自己探求の相互作用のこと

傾聴を最新バージョンにアップデートする

新しい傾聴の流れ

パソコンの基本ソフト（ＯＳ）も、ときどきバージョンアップされます。古いＯＳでも普通に使える部分も多く、急に使えなくなるわけではありません。しかし使い続けると、うまく動かなくなるしセキュリティー面でも不都合が出てきてしまいます。

使い慣れたＯＳを変えるのは面倒で、使いこなすまで不便さを感じますが、すぐに慣れてしまうものです。

傾聴もパソコンのＯＳと同じです。

本章で紹介する新たな傾聴は、今までのいい部分は残し、誤解や理解が不足していた部分は問題を整理しました。これもＯＳと同じです。

この機会に思い切って、最新版の傾聴にバージョンアップしましょう。

バージョンアップするのは、全部で次の６つのプログラムになります。

一つひとつが独立しているわけではなく、相互に関係し合って好循環をつくり出しているのが特徴です。

・プログラム①「体験過程」を使った聴き方にバージョンアップ
・プログラム②「共感」をバージョンアップ
・プログラム③「体験の鏡」をバージョンアップ
・プログラム④「確認の鏡」をバージョンアップ
・プログラム⑤「内省の鏡」をバージョンアップ
・プログラム⑥「態度の鏡」をバージョンアップ

今回の更新で何より重要視したのが、言葉の正確さより、聴き手の「感じ」に意識を向けたことです。

その基になった考えが、ロジャーズの傾聴－第3期と同じ「体験過程」と「共感のプロセス」です。プログラム①と②に該当します。

①と②をベースに、プログラム③～⑥では傾聴の鏡で使いにくかった部分、問題が起きやすかった部分を調整しました。

＜プログラム①＞

「体験過程」を使った聴き方にバージョンアップ

通常、自分の体験を相手に伝えるときは、まず頭で「理解」してから、それを「表現」しようとします。

例えば、今おなかが痛い「体験」をしている人は、その「体験」をしている自分が今ここにいることを「理解」しているから、おなかが痛いと言葉で「表現」できるのです。

このような現象は、「体験」→「理解」→「表現」の順番で進んでいきます。

しかし、人の心はこの順番から外れ、「体験」→「表現」→「理解」で進むことも多々あります。

例えば、部屋を片付けない息子に怒りを感じているお母さんを例にして説明します。

お母さんは、息子に対して何ともいえないいら立ちを感じている「体験」をしています。そして、カウンセラーに息子にすごく怒っていますと「表現」しました。

しかし、そう言った直後に「体験」と「表現」との間にずれがあるのを感じて、「怒っているというか、あきれています」と言い直しました。

このとき何が起きたかというと、当初、怒っていると「理解」していたお母さんの「体験」は、怒っていますと言葉で「表現」したことで、怒っているというよりあきれていると、より実際に近い「理解」に変化したのです（下の図参照）。

体験過程とは、このように人が自分の「体験」を表現することで、自分の内面の「理解」を深めていく過程を示したものです。

体験過程を使った聴き方をすると、話し手自身も理解できていない

ある「体験過程」の流れ

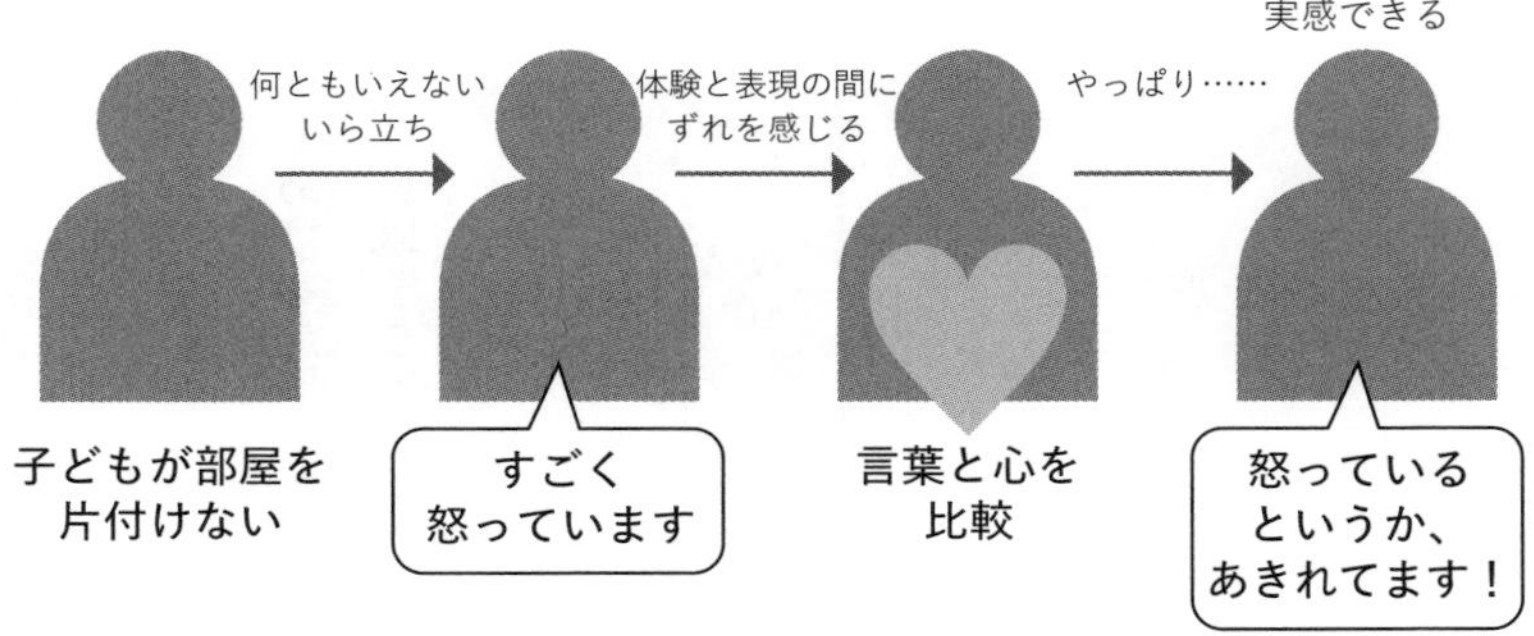

あいまいな感じが「表現」でき、話し手の深いところにある繊細な気持ちが「理解」できるようになります。

これが、プログラム1つ目の「体験過程」を使った聴き方のバージョンアップです。傾聴は、ただ溜まっている感情を発散させることでも、聴いてあげるだけのことでも、気づかせてあげることでもなく、この体験過程が進みやすいように聴くことが大切です。

なお、先のお母さんの「何ともいえないいら立ち」のように、うまく表現できないあいまいな感じのことを、ジェンドリンはフェルトセンス（96ページ脚注参照）と呼びました。そして、フェルトセンスとやりとりしながら問題やストレスの根本的な感情にアクセスし、自己理解を深める方法をフォーカシング（95ページ参照）と名づけ、そのフォーカシングによって得られる経験をフェルトシフト[1]としました。

1 フェルトシフトとは、内面の対話を通じて起こる感情的な解放や明確化の瞬間のことで、個人が内面の混乱や緊張から解放される経験をいう

＜プログラム②＞

「共感」をバージョンアップ

70歳をすぎたときロジャーズは、共感の定義を大きく変更しました。

それまでは「うまくいっている人間関係の中には、共感という状態が必ず存在している」と言っていたものを、「共感とはプロセスである」と修正したのです。

１９７４年に発表したときの映像が残っていて、その講演の様子などを収めた著書『人間尊重の心理学 新版：わが人生と思想を語る』[2]に収録されています。

この本の中で、体験過程が出てきます。ロジャーズは、体験過程は過去の感情に気づくことで癒やされるものではなく、今この瞬間に意識を向け、その意味を理解することで未来を創造していくことができる、といっています。

過去の感情を解消するために共感を「状態」で聴いていたのを、未来を創造するために「プロセス」で聴く。この新たな視点の変更が、共感をプロセス思考に変えたのです。

傾聴を習いに行くとよく「共感を示しましょう」と先生に言われますが、私は、共感

2『人間尊重の心理学 新版：わが人生と思想を語る』(創元社、畠瀬直子訳)。以下、同書の１３２ページより引用

体験過程の建設的価値

私が現在書いているものを公式化しようとすると、ジェンドリン（一九六二）が公式化した『体験過程』という概念にひき寄せられる。この概念は様々な形で私の考え方によってはぐくまれたものです。簡単に述べると、人間の内面には常に体験過程という流れが存在し、人は体験の意味を見出そうとして繰り返しその吟味を重ねるというのです。共感的なセラピストは、クライエントがある瞬間に於て体験しつつある『感じられる意味』を豊かに指摘し、これによって彼の体験の意味に焦点をあて、体験

は示すものではないと考えます。共感のプロセスを進めると結果的に共感を「感じられる」ようになります。

先ほど体験過程の説明で、話し手に起こる「体験」↓「表現」↓「理解」の流れを説明しましたが、この流れに共感のプロセスを加えることで、話し手の体験過程がさらに促進されます。では、どのように加えるのか見てみましょう。

●「体験」↓「表現」↓「理解」の新たな循環

(1) 話し手は、何かを感じながら自由に自分の「体験」を話す

↓話し手の「表現」

(2) 聴き手は、話し手の体験に耳を傾けながら、自然と浮かんでくるイメージや感じを、自分の心の中に映し出す

↓聴き手の「体験」

(3) 聴き手は、自分の心に映った話し手の気持ちを言葉にして伝える

↓聴き手の「表現」

を十分に生きるのを助けるのです。

この概念を明示し、共感との関係をはっきりさせてくれる例を述べましょう。ある男性がエンカウンター・グループで父親に対する漠然とした否定的表明を行いました。ファシリテーターが「あなたはお父さんに対して怒りを抱いておられるように聞こえます。」と指摘すると、「いえ、そうは思いません。」とのことでした。「お父さんに不満を持っておられる?」「ええ、まあ。」(疑問がありそうな声。)「多分、お父さんに失望しておられるのでしょう。」すぐさま彼はこう答えました。「そうです。私は彼が強い人間でないことに失望しています。少年だった時から、父にはずっと失望していたのです。」彼は何に対

(4)話し手は、聴き手から映し返された言葉を心で受け止め、
しっくり感の有無とその質について内省する
↓**話し手の「体験」**
(5)話し手は、しっくりくるものとしっくりこないものがあることに気づく
↓**話し手の「理解」**
(6)聴き手は、話し手がしっくりこなければより実感に近い言葉を探し伝える
↓**聴き手の「表現」**
(7)話し手は、聴き手が修正した言葉を再度受け止めなおし（2）に戻る
↓**話し手の「理解」**
※(1)~(7)をくり返します。

話し手と聴き手の間で起こる新たな傾聴の循環により、今までは、確認のために「あなたは○○なんですね」と表面的に言葉を返すだけだったものが、両者の相互理解が進み深まりやすい傾聴に変わります。

して正確さを確認していたのでしょうか？　ジェンドリンの考えは、彼は自己の内部で動いている心理的–身体的流れに照らし合せていたというものです。私も同意見です。この流れはきわめて真実であり、人々はそれを確認の対象として使用することができます。右の例では、『怒り』は感じとられるものに合わなかったし、『不満』はやや近いけれども正確な感じではなく、『失望』が的を得ていました。そしてその体験の流れをさらに先へと動かしていったのです。こういうことはしばしば生じます

現時点での定義

以上の概念的背景にもとづいて、現在私が満足できる共感の定義を試みたいと思います。今ではそれを「共感という状態」と定義しま

話し手はより実際に近い自分を探しながら話すようになり、聴き手も「あー、この人本当に〇〇なんだなぁ」と実感を伴った深い理解（共感）につながります。

これが、プログラム２つ目の「共感」のバージョンアップです。

せん。それは過程であって状態ではないと思うからです。この特性をとらえることが出来ると思います。他者に対して共感的であるあり方はいくつかの側面を有します。それは、他者が私的に知覚する世界に入りこみそこで居心地よく感じることを意味します。他者の内部を流れゆく瞬間ごとに変化する感じをつかむこと、その個人が体験しつつあるものが恐れ、怒り、やさしさ、困惑等何であろうとつかむ事を意味します。それは、一時的に他者の生活にはいりこみ、判断を停止して微妙に動いていくことを意味します。つまり個人がほとんど認識していない意味を感じとり、それでいて無意識の感情を暴露することはあまりに脅威的なので行わないのです。それ

＜プログラム③＞

「体験の鏡」をバージョンアップ

第3章で解説した、体験の鏡を思い出してください。体験の鏡とは、「話し手のわかってほしい気持ちを、聴き手の心にある鏡で映しながら理解する」ときに使う鏡でした。

新しい体験の鏡は、使用用途を次のようにバージョンアップさせます。

> 話し手が話す体験に耳を傾けながら、自然と浮かんでくるイメージや感じを、自分の心の中に映し出していく「追体験」のときに使う鏡とする

今までは、聴き手は「頭で理解したこと」を自分の心の鏡に映し出していました。

しかしこれからは、頭で理解したことを映し出すのではなく、話し手の体験を「追体験」したイメージや感じを映し出すのです。

この追体験によって、話し手の体験を聴き手も体験することができ、話し手への理解が深まります。

は、ある個人が恐怖感を抱いている事柄を新鮮な恐れのない目で見つめ感じとり、それを伝えていくことを含みます。あなたが感じとったままをその個人と共によく検討し、相手から受けとる反応によって歩んでいくことを意味します。あなたは相手の体験過程というこの役立つ指標に焦点を当て、その意味を十分に体験し、その経験の中で前進するよう援助するのです

追体験とは

追体験[3]とは、話し手が語る体験を、話し手と同じように聴き手が体験して、理解を深めるプロセスです。

このとき、話し手の体験を深く感じ取ることがポイントです。

追体験は決して難しいものではありません。

日常生活で人の話を何気なく聞いているときに、ぼんやりと脳裏に話の場面やストーリーが思い浮かんできて、自然と何かを感じていることがあると思います。それが追体験なのです。

次の文章を、何かをイメージしようとか感じようとせずに読んでみてください。

> 真夏の朝、いつもの通勤電車に乗っていた。雨のせいでひどく混んでいる。人が密接しすぎて身動きができない。冷房はついているが、かなり蒸し暑い。さっきから汗の臭いが交じった体臭がして、息をするのもつらい。「早く降りたい」と思いながら、次の駅の接近を知らせる車内放送に耳を澄ませている。

3 追体験とは、人間理解において「体験」の重要性を説いたドイツの哲学者ヴィルヘルム・ディルタイ（Wilhelm Dilthey 1833－1911）が提唱した概念。他者の内面理解にはその人の体験を心の中で再体験する追体験を重要視した。ディルタイの影響を受けたジェンドリンも自身の体験過程理論にも追体験を取り入れてロジャーズの理論を研究している

何も感じようとしなくても、都会の満員電車の情景が思い浮かんでくるのではないでしょうか。

それと同時に、はっきり言葉にできなくても、満員電車を一度でも経験したことがある人なら、圧迫感や息苦しさなどを感じたのではないでしょうか。

この感覚が追体験です。実に簡単です。

今までの体験の鏡と、追体験を用いた体験の鏡の違いを下の図にしました。

今は、まとまった短い文章を読んだだけだったので、特に簡単に追体験ができたと思いますが、実際に話し手の話を聴くときに注意したい追体験のポイントは、次の5つになります。

体験の鏡

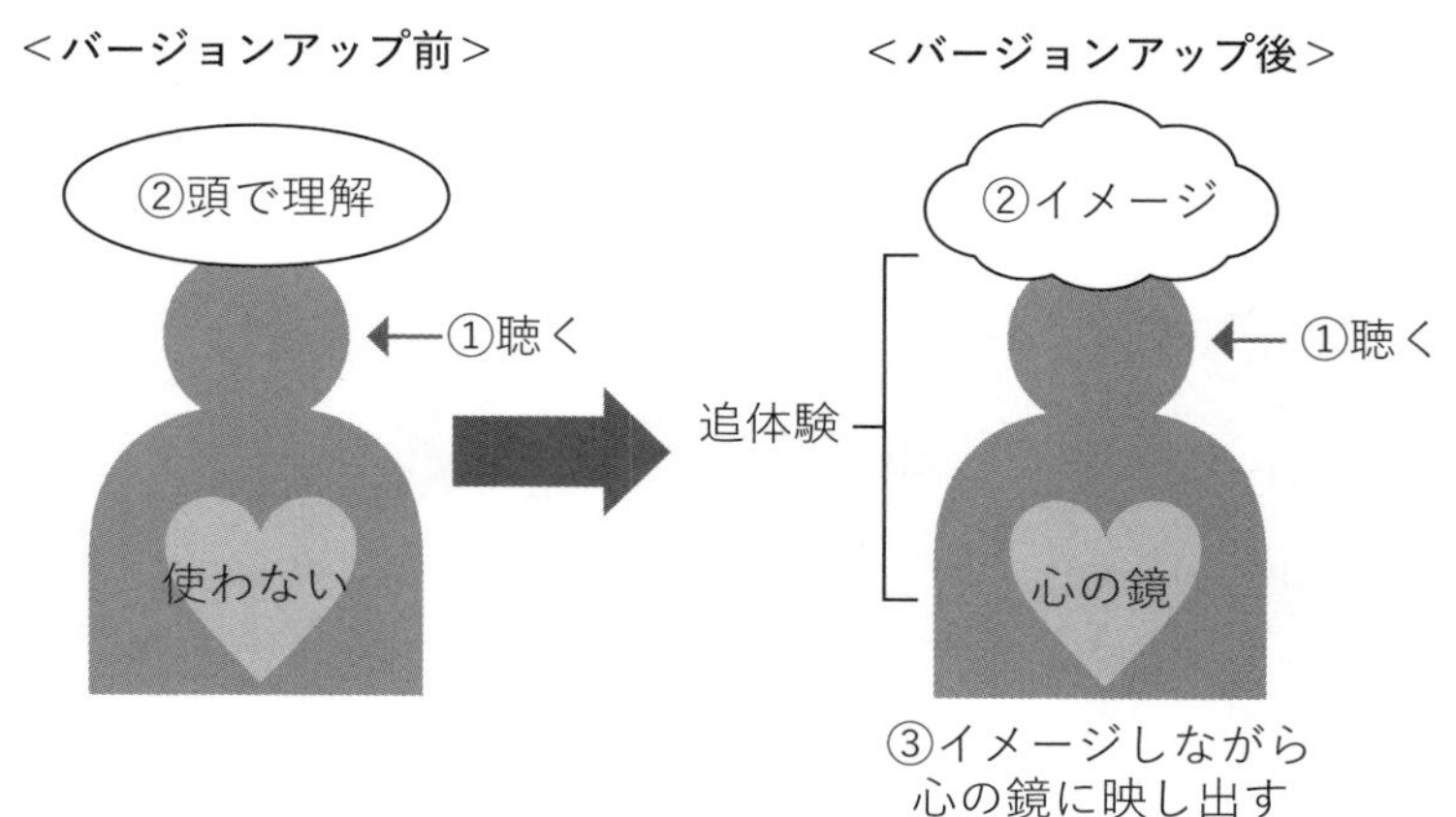

・ポイント①　必死にならない
・ポイント②　「かなぁ」をつけて理解する
・ポイント③　「聴き手の世界」を認めて放っておく
・ポイント④　修正しながら進む
・ポイント⑤　わからない感じは尋ねる

追体験のポイント①　必死にならない

追体験の聴き方は、先ほどの例文を読んだときと同じように、自分がその話を聴きながら自然に頭に浮かぶイメージとそこから受ける感じに身をゆだねます。

もし何も浮かばなかったとしても、情景を想像しようとか、状況を分析しようとか、話し手の気持ちを表現する言葉を探そうとしてはいけません。

話し手の話から浮かぶイメージと感じに身をゆだねていると、話し手の体験が言わんとしていることが、ふと自分の中に湧き上がってきます。前述の例では次のような感じです。

・今朝、この電車に乗ってしまったことへの後悔
・気温、人込み、臭いすべてが息苦しい
・誰に向けてよいかわからない、怒り

これが追体験の感覚です。

焦らずにゆったり、この感覚が浮かんでくるのを待つようにします。

追体験のポイント②「かなぁ」をつけて理解する

「追体験で感じたものを、そのまま話し手の気持ちとして決めつけてよいのか？」

というと、そうではありません。

その追体験は、あくまで聴き手がもった印象にしかすぎないことを自覚しておく必要があります。

決めつけず「○○かなぁ」位の認識で理解しておくと、一方的な決めつけや押しつけ、誘導を防ぐことができます。

・電車に乗ったことを後悔してるの「かなぁ」
・息苦しくなかったの「かなぁ」
・誰に向けていいかわからない怒り「かなぁ」

追体験のポイント③　「聴き手の世界」を認めて放っておく

追体験は簡単と説明しましたが、邪魔者がいます。それが、聴き手の個人的な体験です。いくら「○○かなぁ」位の認識で理解しようとしても、個人的な体験が意識に入り込んできてしまう場合があるのです。

「話し手の世界」に意識をおいていたはずが、いつしか自分が過去に体験した「聴き手の世界」にすり替わってしまったり、「話し手の世界」に対して、「私ならこうする」「私ならこう思う」と個人的な意見が沸き上がってきてそれを披露したくなったり、はたまた「その状況ではこう対処すればいいんだよ」と状況に対する分析や意見を伝えたくなったりすることが、よくあります。

そういうものが出てきても、無理に消そうとする必要はありません。

「私、自分のことを話したくなっている」と、話したくなっている自分を認め、話し手が語る世界にもう一度、意識を向き直せばいいのです。

「聴き手の世界」が登場してくる回数は個人差がありますが、基本的に人にはわかってほしい欲求（わからせたい欲求）があるので、これは仕方がないことです。

感情を封じ込めようとすればするほど抑圧され、心理的リアクタンスが起きることは21ページで説明した通りです。

魔法の解決策はありませんが、イメージとそこから受ける感じの流れに自然体でいることに慣れてくれば、「私の世界」が傾聴中に表れてきても、さほど問題と感じなくなります。

悪いものを減らすのではなく、よいものが少しでも増えていけばよいと考えてみましょう。

追体験のポイント④　修正しながら進む

次の短い文章を読んでみてください。

> 私は、真夏の湘南の海に来ている。海岸に設置された二人掛けのベンチに座って海を眺めている。目の前を、子どもたちが何かに向かって走っている。

次のような感じを追体験できたかもしれません。

「突き刺さるような日差しの暑さ、青空から感じる解放感、少し湿った潮の香り、自然の力強さ、熱せられた砂の熱さ、旅を楽しんでいる高揚感、元気に走り抜けていく子どもを、ほのぼの眺めている私の心」

追体験のイメージが何となくわかってきたでしょうか。

でも、聴き手が追体験したと思っている内容と、話し手の実際の体験が同じとは限りません。

例えば、先ほどの例文の後に、次の一節が加わったらどうでしょう。

（つづき）本当に私はいつも運が悪い。やっととれた休暇なのに、私が海にくるときはいつも決まって嵐になる。

今まで浮かんでいたイメージや、感じていた情景も一変します。

「荒れ狂う海、バケツをひっくり返したような大雨、真っ黒い空、沈んだ私の心、ぬれた衣類がまとわりつく気持ちの悪さ、人気のないビーチ、横殴りの風、雨から逃げるように走り去っていく子どもたち」

追体験は、１回聴いて理解が完了するものではなく、常に変化します。

変化の流れの中で修正しながら進むのです。

常に修正と理解のくり返しが、追体験なのです。

「あなたの気持ちがよくわかりました」と完了形で言えるような、頭を使った理解とは違います。

追体験のポイント⑤　わからない感じは尋ねる

話し手によっては、自分が感じていることや感情について一切語らず、状況説明や個人的な見解だけをひたすら話し続けるような人もいます。

このような場合は、どうすればいいでしょうか。

例えば先ほどの例文が、次のように前半だけで終わっていたとします。

私は、真夏の湘南の海に行った。海岸に設置された二人掛けのベンチに座って海を眺めていた。目の前を、子どもたちが何かに向かって走っていった。

これだけでは、話し手が何を感じていたのかわかりません。

聴き手は、そこまでに表現されたものから浮かんでくるイメージや感じを追体験しながら、その世界に身をゆだねます。

さらに聴き続けられるならそれでもよいですが、時には質問をしても構いません。

「そのとき、何か感じていたのですか?」

「その体験から、あなたは何を感じていたのですか?」

「その体験から、何か感じられた意味はあるでしょうか?」

あるいは、今目の前にいる話し手のリアルな気持ちを尋ねてもいいでしょう。

「今、その話をしながら何を感じていましたか？」
「その話をし終えて、今どんな感じが残っていますか？」
「私に今その話をしようと思われたのは、何か意味がおありでしょうか？」

しかし、次のような状況や原因の理解、情報収集のような事実確認が目的の、事柄に関する質問はしません。

「子どもたちは男の子でしたか、女の子でしたか？」
「海には1人で行ったんですか？」
「湘南を選んだ理由は何ですか？」

事柄への質問は体験の流れを止める

事柄を確認する質問は、話し手の体験の流れを遮断します。

事柄中心の質問をすると、当然ですが事柄中心の回答が返ってきて、どんどん体験の流れから離れていきます。

話し手にとってその事柄は、語らずとも当然わかっている当たり前のことです。

本人がわかっていることを話させて体験の流れを止めないために、尋ねるなら、体験についての「気持ち」「感じている（いた）もの」「意味」を尋ねましょう。

事柄が理解できないと、話が聴けないという聴き手は結構います。

それに慣れるために、あいまいな表現ばかりが続く話を聴き続けるトレーニングがある位です。

また、話し手によってはただ感情を爆発して、われを忘れて話す人（同一化）[4]や、延々と状況説明や持論の展開を続けて感情がない話をする人（分離）[5]もいます。

そういったケースでは、いったん「ちょっといいですか」と前述のように体験についての「気持ち」を尋ねる、開いた質問[6]をしてみるのがうまく聴くこつです。

話し手の体験を自分の心の鏡に映し出しながら追体験し、体感として相手を理解していきます。一般的にいわれている「気持ちを理解する」ことの本当の意味です。

これが、プログラム３つ目の「体験の鏡」のバージョンアップです。

4（フォーカシングにおける）同一化とは、自分の感情や体験が強く一体化している、自分の感情に巻き込まれている、流されている、感情的になっている状態。自分の感情や体感が自分自身全体のすべてであるかのように感じ、完全に没頭してしまっている。客観性を失い、自分の体験を広い視野で見ることが難しくなる。反対の意味である脱同一化とは、自分の感情や体験と適切な距離を保ちつつ、それらが内面にあることを認識し、受け入れていくプロセス。脱同一化は、分離や同一化の極端な状態から抜け出し、自分の内面の感覚や感情と健全な関係を築くことができる。フォーカシングのプロセスは、脱同一化を通じて、自分自身の深い理解に至り、問題の解決

＜プログラム④＞
「確認の鏡」をバージョンアップ

第3章で出てきた確認の鏡を覚えていますか？

確認の鏡とは、話し手の話を過不足なく言語化して話し手に映し返すことでした。

映し返す理由は、理解のずれや間違いがないか話し手に「確認」をとるためと説明しました。

映し返しで使う傾聴のスキルに「くり返し」や「伝え返し」があります。

新しい確認の鏡では、聴き手が心の鏡でイメージしたり感じたりした話し手の追体験を言葉にして映し出し、話し手にしっくりくり感の有無などを吟味してもらいます。

聴き手から話し手へ「理解の確認」が目的だった確認の鏡を、「理解の試み」に変更するのです。

確認の鏡

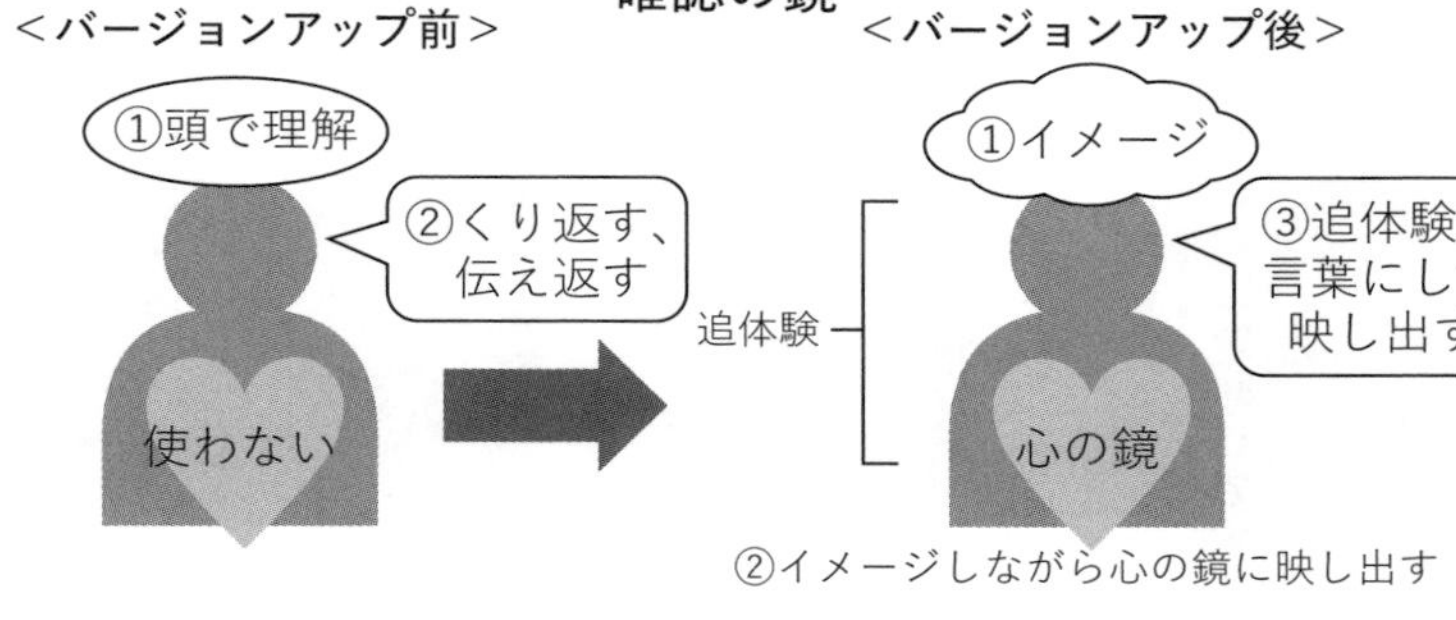

＜バージョンアップ前＞

①頭で理解

②くり返す、伝え返す

使わない

＜バージョンアップ後＞

①イメージ

③追体験を言葉にして映し出す

追体験

心の鏡

②イメージしながら心の鏡に映し出す

や成長へとつながる洞察を得ることを目指す

5 分離とは、自分の感情や体感が自分自身から切り離されているように感じて、自分の感情や体感はあたかも自分とは関係がないかのように思い、自分の内面を十分理解することが難しい状態。客観的にしか自分を見られず、知的な思考や持論の展開など感情が伴わない会話が多い

6 開いた質問とは、広範囲の回答が可能な質問形式のことを指す。これに対し閉じた質問とは、通常「はい」や「いいえ」、また限定された選択肢から答えを求める質問形式である。「どう思いますか？」などの開いた質問は、考えや感情、意見を引き出すのに効果的

確認の鏡のポイントは、次の2つになります。

・ポイント①　「正しいか」より「しっくりくるか」を重視
・ポイント②　時には「言葉尻」よりも「感じ尻」を優先

確認の鏡のポイント①　「正しいか」より「しっくりくるか」を重視

新しい確認の鏡の目的は理解の「試み」なので、聴き手の理解が正解か不正解かはどちらでも構いません。

ときどき、話し手に「○○ということでよろしいでしょうか？」と言って映し出しをする聴き手がいます。

「よろしいでしょうか？」は自分の理解が正解かどうかを知りたいときの言い回しです。話し手からＹＥＳを引き出したい期待の表れでもあります。

こんな聴き手は、「ＮＯと言われたらどうしよう」と映し出しの前はすごく緊張するでしょうし、本当に間違っていたら落ち込んでしまうかもしれません。

で、より深い対話を促進することができる

映し出しは、話し手に「ＹＥＳ」と言ってもらうためにするものではありません。あくまで「しっくりくるか？」「違和感がないか？」「違和感があれば教えてほしい」と尋ねて、話し手の内省をうながすことが大切なのです。

内容を一発で正確に理解できるすごい聴き手になろうとせず、「自分は理解できていないことがあるはずだ」「きっと理解にずれがあるはずだ」という前提に立った、謙虚な姿勢も大事です。

理解の試みとして確認の鏡を使うと、一言一句聞き漏らさず正確に聴きとらなければいけないというプレッシャーから解放されます。

一瞬で移りゆく人の気持ちは、そもそもわからないものです。

「間違っていて当たり前」「ずれていて当たり前」「わからなくて当たり前」それが現実ですから、できるはずのないことをやろうとして無理なノルマを自分に課さないでください。

相手の世界に身をゆだねて、そこから受け取ったメッセージや感じをそのまま確認の鏡に映し出しましょう。

確認の鏡のポイント② 時には「言葉尻」よりも「感じ尻」を優先

話し手が心の奥底で感じている気持ちを理解したいと思ったら、話し手の言葉だけを使って返すのでは、もの足りなさを感じることがあります。

話し手が話している体験の意味を自分で捉えきれなくて、うまく表現できないことはよくあります。

また、言葉にしてみたらそうではないことに気づくこともあります。

聴き手のほうが話し手より正確に、話し手の体験の意味を感じ取ることもあります。

言葉は人の気持ちを表現するのにはとても窮屈で、1つの言葉で心の内側にあるすべてを表現することはできません。

新しい傾聴は、言葉を正しく理解することではなく、感じている気持ちを理解することです。

そのために聴き手は、話し手の言葉だけでなく、声色や非言語[7]も利用して聴くようにしてください。

7 非言語（ノンバーバル）とは、言葉を使わないコミュニケーションのこと。姿勢、ジェスチャー、表情などの身体言語、目の動き、座ったときの距離感など言葉だけでは伝えきれない微妙な感情や態度を知るのに役立つ。
なお、言語（バーバル）とは、言葉を使ったコミュニケーションを指し、話し言葉だけでなく、書き言葉も含まれる。バーバルコミュニケーションの中心は、情報の伝達だが、言葉の選択やフレーズ、文脈などは相手の感情や意図を知る手がかりになる

ときどき、聴き手は「この人は、○○の感じを伝えたいに違いない」と確証に近い感覚を得ることがあります。

そういうときは、「言葉尻」よりも「感じ尻」（筆者造語）を優先した結果です。

聴き手が話し手自身であるかのように理解が深まり、どうしても話し手の言葉を映し出さずにおけない場合は、言葉尻より感じ尻を優先させて表現するのはＯＫです。

このような臨機応変の対応が、プログラム４つ目の「確認の鏡」のバージョンアップです。

動画などで私が傾聴するセッションを見たことがある人はわかると思いますが、私も話し手が使った言葉とは違う言葉で返すことがあります。

しかし、感じ尻を優先した応答は、追体験に自信がない聴き手にはお勧めしません。

追体験がない状態からの言い換えは、ただ自分が使いやすい言葉に言い換えただけだったり、言い換えること自体が目的になってしまったりと、結果的に聴き手個人の解釈の押しつけや誘導になってしまいます。

感じ尻を優先した応答が、追体験からきたものなのか、それとも個人的な理由からきたものなのかが判断つかないうちは、話し手が使った言葉をそのまま使って映し出しましょう。

話し手が使った言葉で返したほうがいい場合

言い換えは簡単で楽です。

普段の自分の言葉を使って、極論すれば何を言ってもいいわけですから。

世の中には、傾聴テクニックとして言い換えを推奨するような技法もあるようです。言い換えは当たると気持ちがいいので、やりやすいのかもしれません。

しかし、私自身おかしな言い換えをされて嫌な思いをすることが今でもたくさんあります。

そんな言い換えをするなら、そのまま返してくれたほうがよっぽどいいのにと思います。

おかしな言い換えは、信頼を失うということです。

そのためにも、押しつけにならないよう、話し手には「理解の試み」の姿勢が大切です。

話し手の言葉だけを使ってすべての気持ちを正確に表現することは簡単ではありませんが、話し手がその言葉を使ったのには意味があり、言葉には少なからずその人の気持ちが含まれています。

だからこそ、言い換える前に、話し手の言葉をそのまま使った映し出しを試みてほしいのです。同様のことをジェンドリンも著書[8]の中で説いています。

「言葉にされた気持ちすら理解できなければ、言葉にされない気持ちはなおさら理解できない」というのが私の考えです。

少なくとも私は、話し手が使っている言葉だけで傾聴できるようになった上で、感じ尻を優先した応答をしているつもりですし、うちのメンバーにもそのように教えています。

特に、話し手が使った言葉で返したほうがいい場合が2つあります。

①話し手との関係ができていない初期の頃
②話し手が、体感を伴う重要な気づきなどを言葉で表現した場合

8『フォーカシング』（福村出版、村山正治・都留春夫・村瀬孝雄訳、156ページ）「あなたが理解したままにいい返してやると、もっと相手の援助になるのです。それを私は絶対傾聴と呼びます。相手の人が表現しなかったトピックスを決して入れてはいけません。またあなた自身の解釈を押しつけてはいけません。あなた自身の考えかたをそのなかにまぜ込んではいけません。（中略）相手がわからせたがっている個人的な意味を示している2、3の文章をいってみてください。このときは普通、あなた自身の言葉を使いますが、しかしポイントになる重要なことについては、相手自身の言葉を使ってください。」

▼②の悪い例

話し手「そうか！　ずっと私は人を愛したいと思ってきたけれど、本当は愛されたかったんだ！」（重要な気づき）

聴き手「大切にしてほしかったんですね！」

話し手「え、ええ……（何か違う気がする）」

▼②のよい例

話し手「そうか！　ずっと私は人を愛したいと思ってきたけれど、本当は愛されたかったんだ！」（重要な気づき）

聴き手「愛したいじゃなくて、愛されたかったんだ！」

話し手「そうなんです！」

話し手の世界に入り丁寧に追体験した結果「言い変わる」ことはあっても、頭で考えて「言い換えよう」とはしないでください。

言葉をどうするかより、追体験に全力を注ぎましょう。

そうすれば、言葉の問題は次第に自分の中で折り合いがついてきます。

極論を言ってしまえば、感じ尻さえずれなければどう返してもよいのが傾聴です。

でも、慣れない聴き手の言い換えはこじれる可能性が高いので、まずは基本から進めましょう。

＜プログラム⑤＞

「内省の鏡」をバージョンアップ

聴き手が話し手の言葉を返す「くり返し」や「伝え返し」の語源は、リフレクト(reflect)にあることは72ページで説明しましたが、リフレクトにはこの2つ以外に「内省する」という意味もあります。

このリフレクトの最大のポイントは、確認の鏡と内省の鏡をつなぐことです（次ページの図参照）。

・聴き手は、話し手に「言葉のリフレクト（映し出し）」をする→確認の鏡

・話し手は、映し出された言葉のしっくり感を吟味し「内省のリフレクト」をする→内省の鏡

リフレクトはロジャーズが大事にしていた言葉の1つですが、彼のインタビュー[9]を読んでもリフレクトには「言葉にして返す」と「内省する」の両方に意味があることを語っ

9 『「Reflections of Feelings」（Journal of Humanistic Psychology, Spring 1985, 25, 35-42.）』以下、筆者訳「セラピストとしての私の観点から言えば、私は『感情を反射』しようとしているわけではありません。クライエントの内なる世界についての理解が正しいかどうか、クライエントがこの瞬間に経験しているのと同じように私がそれを見ているのかどうか確かめようとしているので

ています。

しかし、当時ロジャーズの「言葉にして返す」は世間にうまく伝わらず、ただのオウム返しと揶揄され批判されました。ロジャーズが言いたかった非指示の意味を、私は次のように理解しています。

「聴き手はあいづちをしながら話し手の邪魔をしないようにするけれど、ただ黙って座っていないで、言葉にして、話し手に起こる内省に対して理解の修正や訂正のやりとりをしながら、理解が深まるところまでお付き合いしましょう。こういう否定や価値判断をしない関わり方が大事なのです」

内省の鏡のポイントは、次の3つです。

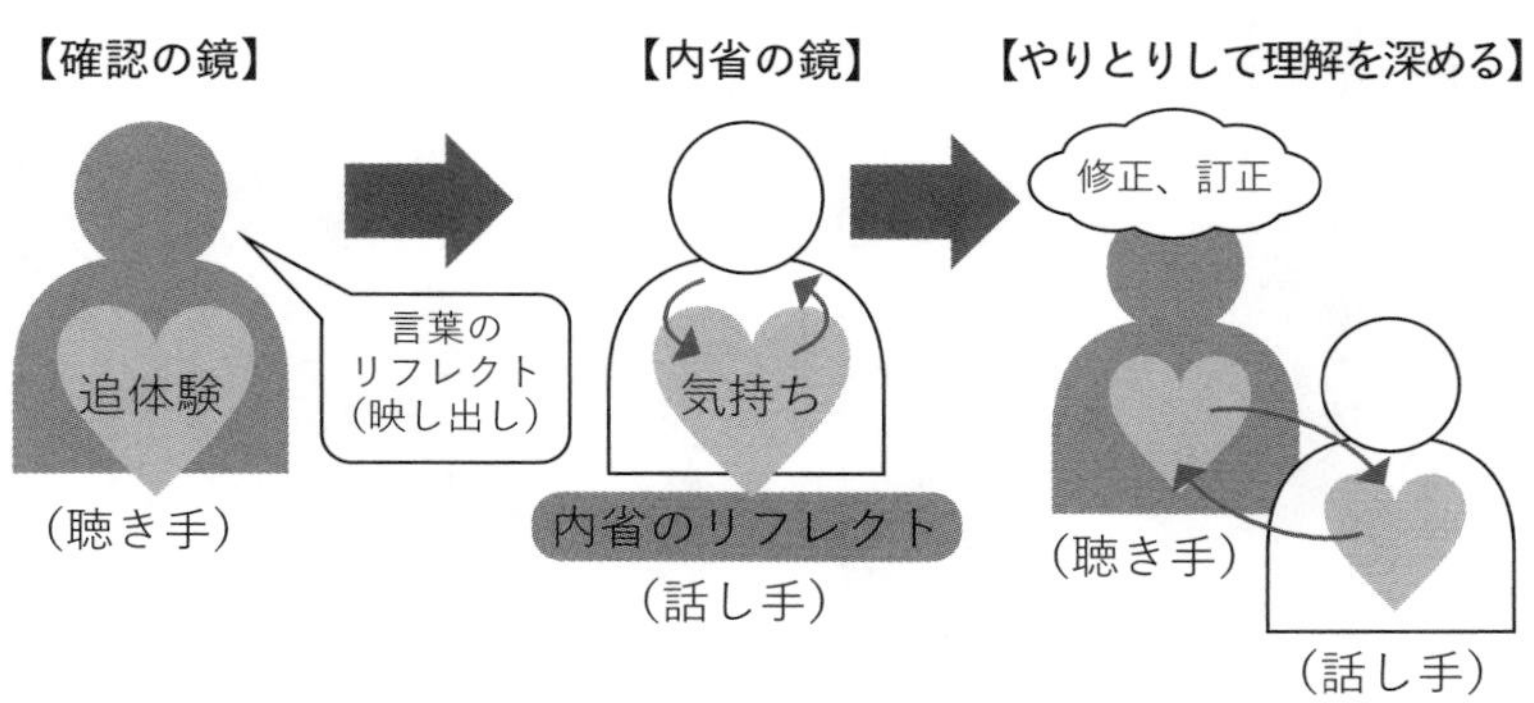

す。私の応答には、『これがあなたの中にあるものですか？』『私はあなたが今経験している個人的な意味合い、質感、味わいをしっかり捉えていますか？』『もしそうでないなら、私の認識をあなたの認識と一致させたいのです』という暗黙の問いかけが含まれています。一方、クライエントの視点から見ると、私たちはクライエントが現在しつつある体験を映す鏡を提供していることになります。感情や個人的な意味は、他人の目を通して見るとより研ぎ澄まされて見えます。そこで、これらの反応を『感情の反射（リフレクト）』ではなく、『理解の試み』または『認識の確認』という言葉を使うことをお勧めします」

・ポイント① 話し手の答えを「受け取る準備」をしておく
・ポイント② 「NO」を恐れない
・ポイント③ 沈黙は金

内省の鏡のポイント① 話し手の答えを「受け取る準備」をしておく

聴き手から話し手に「あなたの体験は、こういう感じでしょうか？」と理解の試みをすると、当然、話し手から返事（内省の鏡の結果）が返ってきます。

「受け取る準備」をするとは、話し手の答えを受け取るために聴き手の心の準備をしておきましょう、ということです。

準備とは、次の追体験を体験の鏡に映し出す準備のことです。

話し手からの返事に対して、聴き手はただ「なるほど、そうなんですね」と淡泊に理解を伝えるのではなく、返ってきた答えをまた自分の心に入れて、もう一度追体験をします。

そうすることで聴き手の追体験が更新されて、新しい理解に生まれ変わります。

内省の鏡のポイント②「NO」を恐れない

聴き手が話し手に行う理解の試みは、映し出した言葉のしっくり具合を確認してもらうためです。

当然ですが、話し手から「はい、そうです！」と返ってくることもあれば、「ぜんぜん、違います」「ちょっと違います」「何となく違う気がします」など、NOを示す反応が返ってくることもあります。

このとき、聴き手は焦ったり、しまったと思ったりしないことです。

傾聴は「当てる」ためでなく「わかる」ためのやりとりです。

「違うのですね。どの辺に違いを感じるでしょうか？」と尋ねたりしながら、理解を深めるための試みをくり返します。

このくり返しが、共感のプロセスであり、一般的にいう「寄り添う」ための具体的な行動です。

内省の鏡のポイント③　沈黙は金

話し手に言葉のしっくり具合を確認してもらった後の反応は、２つ考えられます。

１つは「そうそう、そうなんです！」と瞬時にしっくりくる感じを表明してくれる場合。

もう１つは沈黙になる場合です。

しばらく完全に沈黙になることもあれば、「う〜ん、そうですね……」「何ていうかなぁ……」「ん〜……（どうかな？）」と、返答の隙間に沈黙が生まれる場合もあります。

このときの沈黙は話し手が困っているからではなく、むしろ内省が進んでいるいいサインです。

私は沈黙の大切さを伝える際「沈黙が起きない傾聴は、麺が入っていないラーメンと同じ！」という位、沈黙は大事だと思っています。

内省に「沈黙は金」と覚えておいてください。このような意味ある沈黙は破らず、自信をもって次の発言を待ちましょう。

ここまでが、プログラム５つ目の「内省の鏡」のバージョンアップです。

「ただ、そこにいる」プレゼンスを大切にする

晩年のロジャーズは、一致、受容、共感の中核3条件にもう1つ、非公式に4つ目として「プレゼンス（presence）」を付け足しました。

プレゼンスを傾聴的思考で訳すと「一生懸命にただそこにいる」という意味です。

一見、共感のプロセスと矛盾しているように見えますが、そうではありません。聴き手の意識を今ここにだけおいて、話し手に集中して向き合いましょうという意味です。

ある意味当たり前ですが、その当たり前のことが難しかったりします。

一致、受容、共感の前提条件として、読み取ることもできます。

全力で目の前にいる話し手に意識を向けるからこそ、生きたスキルとなり深い傾聴ができるのです。

＜プログラム⑥＞

「態度の鏡」をバージョンアップ

傾聴中に聴き手が感じたことは、話し手に影響します。

そこで思い出してほしいのが、態度の鏡の存在です。

76ページで「聴き手が緊張していると話し手も緊張するし、聴き手が不満をもっていると話し手も不満をもち始めます」と紹介した鏡です。

態度の鏡は、聴き手の態度が、話し手自身にうつる（映る／移る）鏡です。

聴き手の受容・共感的な態度が話し手にうつり、話し手自身が自分に受容・共感的な態度をとることを一致といいます。

聴き手が話し手にとっている態度が、話し手に憑依するのです。

聴き手の態度がそのまま話し手にうつるので、聴き手は自分自身に対しても受容・共感的な態度でいなければ、話し手の中に受容・共感的な態度は起こらず内省も起きません。

聴き手はうわべだけ受容・共感的な態度で取り繕っていても、態度の鏡は効果を発揮しないということです。

これが、プログラム６つ目の「態度の鏡」のバージョンアップです。

私はそのことに気づいて以来、傾聴している最中、話し手の話に耳を傾けるのと同時に、自分の内側にも「何か感じているかなぁ」「何を感じているかなぁ」と関心を寄せるようになりました。

そのほうが安心して聴ける感じがして、話し手ともうまくやりとりができることがわかったのです。

よくいわれる「余計なことは言わず黙って聴きましょう」の言葉の本当の意味は、追体験しながら自分自身の心にも耳を傾けていると、忙しくて余計なことなどしゃべっている暇がない、というところではないかと思います。

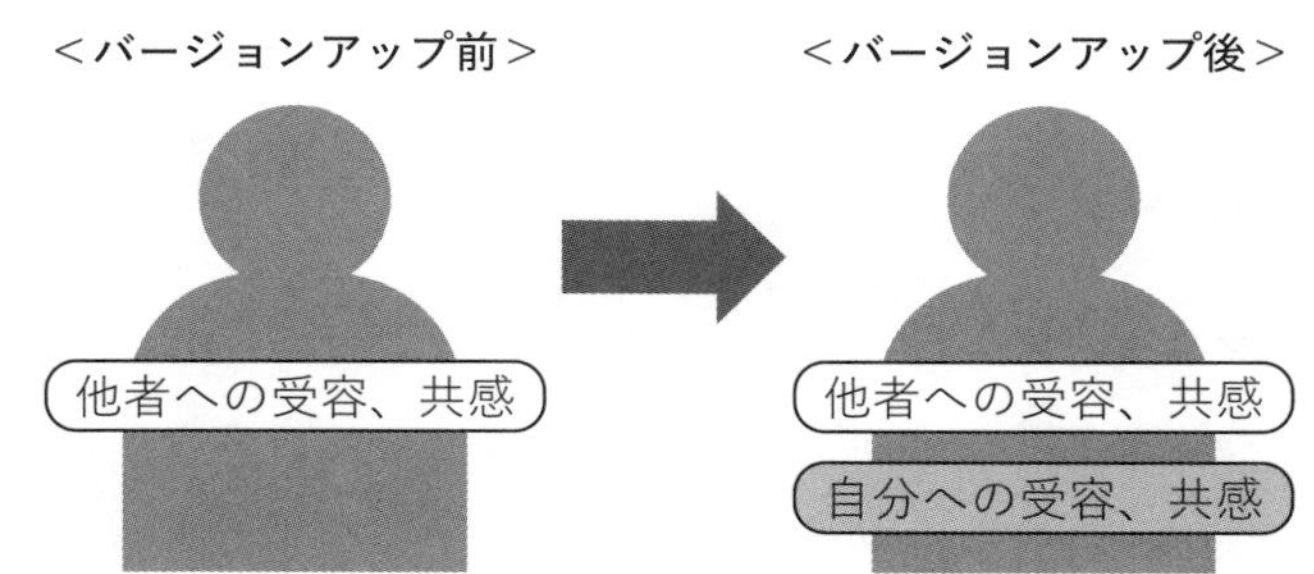

自分の内側に深く耳を傾けられない人が、どうして他人の内側にだけ深く耳を傾けられるのでしょうか。

態度の鏡の存在を確信して実践するようになってから、自分に関心を寄せれば寄せるほど楽に聴けるようになりました。だからみなさんにもぜひお勧めしたいのです。

共感がうつるミラーニューロン

脳科学については素人ですが、態度の鏡はもしかしたらミラーニューロン[10]と関係があるかもしれません。

ミラーニューロンは他人の行動を見ているとき、まるで自分がその行動をとっているかのように模倣する神経細胞です。鏡に映したように脳が勝手に反応している様子から、ミラーニューロンと名づけられたそうです。

ミラーニューロンについてはまだわからないことばかりのようですが、共感性など情動の波及にも影響を与えていると考えられているようです。

例えば、不満をもった人たちが多いグループに参加していると、不満の感情がメンバー間に広がるようなことです。

10 ミラーニューロンとは、1990年代初頭にイタリアの研究者たちによって発見された神経細胞の一種。他人の行動を観察しているとき、同様の行動をとっているかのように活動する。行動だけでなく他人の感情を観察する際も無意識的に活動することが示唆されている。これにより、私たちは他人の感情や状態を自然と感じ取り、共感することができるとされる。例えば、他人が笑っているのを見ると、自分も笑顔になるというような、感情が感染する現象もミラーニューロンの活動に起因する可能性があるとされる

自分への態度が自分に伝わるとしたら、自分が楽になるような態度をしてみるといいでしょう。

あなたは普段、自分にどんな態度をとっていますか？

いい傾聴をしたいなら、自分に受容・共感的な態度をとったほうがよさそうです。

2人で進む傾聴の全体像

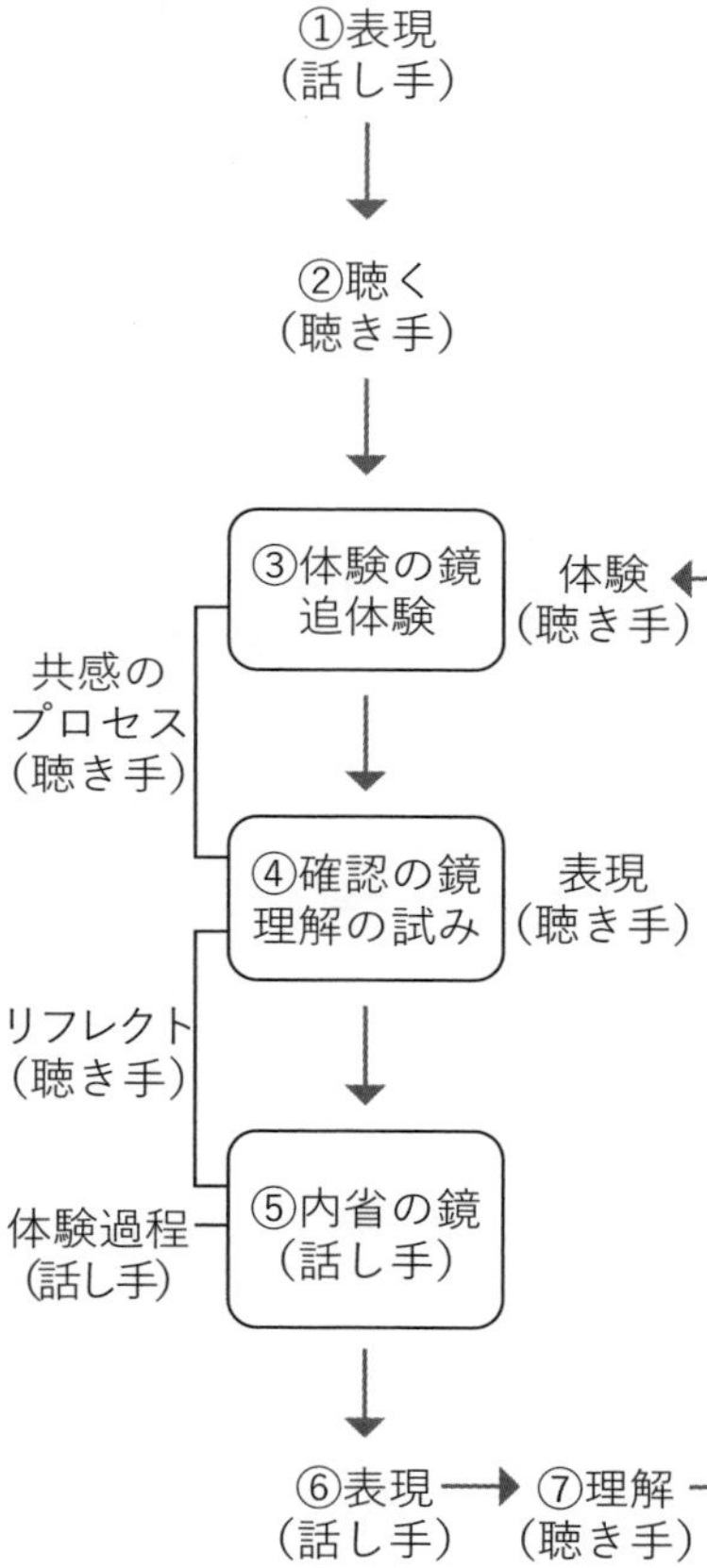

一致とは、聴き手自身への受容と共感

一致[11]とは、私が私であることをそのまま認めることです。

つまり、一致とは自分に対する受容と共感です。

聴き手の一致の度合いが高ければ、話し手の中で起こる自分への傾聴（内省の鏡）はより深まっていきます。

態度の鏡は、一致を意味しているのです。


「聴き手は、自分を傾聴できる分だけ、他者を傾聴できるようになる」

これがロジャーズの最大の発見であり、傾聴の核心部分です。そして何より20年間傾聴に携わってきた私の体験に基づく確信です。


傾聴を学び始めてから約7年間は、私は60分の面談時間の中でいかに上手に応答して成果を上げるかばかりを考えながら聴いていました。しかし、これではちっとも傾聴が深まらず、独りよがりの「傾聴もどき」をしていた完全な傾聴迷子の状態でした。

11 一致について、ロジャーズはこう語っている「治療的な関係をしばらくの間経験したクライアントの変化は、セラピストの態度を反映したものになっていく。」（出典『ロジャーズ主要著作集3〜ロジャーズが語る自己実現の道』岩崎学術出版、諸富祥彦・末武康弘・保坂亨訳、62ページ）。また、ロジャーズ派でイギリスの臨床家のブライアン・ソーン（Brian Thorne、1937年—不明）は、一致について次のように語ったとされている。「一致」とは、セラピストがクライアントに深い「受容」と「共感的理解」をおこなっているときに、同時に自分

それが、あるとき自分の心を傾聴できてしまった体験をしてから、自分の心の傾聴の大切さを知りました。

この体験については私の著書『「ねえ、私の話聞いてる？」と言われない「聴く力」の強化書――あなたを聞き上手にする「傾聴力スイッチ」のつくりかた（第2版）』（自由国民社）の中に詳しく書いてあります。

それ以来、肩の力が抜けて安心して聴けるようになり、現在に至ります。

傾聴は、人と向き合いながら自分と向き合う作業です。

大変なこともありましたが、私の人生は傾聴に救われっぱなしです。

20年も続けていられる理由は、やればやるほど自分を理解できるようになり楽になってくる感覚があるからです。

傾聴することの意味は「自分を傾聴できるようになる」ことです。

まさに私は「他者を傾聴する」ことで、「自分を傾聴する」ことができるようになってきたのです。そして、それは今もまだ完成していないし、たぶん永遠に完成しないから続けていられるのだと思います。

自身に対してもつねに深い「受容」と「共感的理解」をおこなっていることである。つまり、「一致」とは、セラピストの「自分自身に対する深い受容と共感である」（出典『カール・ロジャーズ　カウンセリングの原点　角川選書649』、諸富祥彦著、ＫＡＤＯＫＡＷＡ、238ページ）

極めてしまったら、とっくに辞めていたでしょう。

極められなくても、確実に1年前より自分との関係が楽になっていると感じられています。それがうれしくて、日々自分のために傾聴しています。


「人の為と書いて　いつわり（偽）と読むんだねぇ」

私がお気に入りの、相田みつをさんの言葉です。


自分の為と思えないような聴き方には、どこか嘘があるのではないでしょうか。

自分の為と思えるように聴く位が、ちょうどいいと思います。

それが結局、人の為だったりします。


傾聴迷子になる人ほど、自分の心の声に耳を傾けていない人が多いように見えます。

自分の心の声を無視、否定、抑圧しながら聴いていると、自分の中にいるもう1人の自分が「なんで、私のことは受容、共感してくれないんだ！」と不満の声を上げるから、おかしな聴き方になってしまうのです。


自分を傾聴できる程度にしか、他者を傾聴できません。

自分の心の声への傾聴力を高めれば、今よりきっと楽に聴けるようになります。

自分の心を聴くことを大切にしているのは、一線で活躍するスポーツ選手も同じです。歓喜に沸いた２０２３年のワールド・ベースボール・クラシック（ＷＢＣ）の決勝戦の先発マウンドに立った今永昇太選手は、インタビュー[12]で、ダルビッシュ有選手からかけられた言葉についてこのように語っています。

> これもダルビッシュさんからの言葉なんですけど「まわりが自分にかけてくれる言葉も大事だけど、自分が自分にかけてあげる言葉も大事にしなきゃいけない」と。例えば不甲斐ないピッチングがつづけば、まわりからは批判や前向きではない言葉が多くなっていくでしょう。「けど、それは自分じゃない誰かが言っていることであって、同じことを自分がしてしまえば、自分を許してあげる存在がいなくなってしまう。だから自分がかけてあげる言葉を大事にしなきゃいけないし、自分もそうすることでよくなった」と、アドバイスをいただいたんです。うん、何か僕にフィットしそうな言葉だなって

12 出典「Sports Graphic Number Web」（https://number.bunshun.jp/articles/-/857090?page=5）２０２３年４月10日公開、２０２４年５月１日アクセス

自分の欠点を受け止められる人ほど、他人を直そうという気持ちがなくなります。

人間関係はいつも、自分への態度が反映されて映し出されているだけのただの鏡なのです。

傾聴力は、かけ算で決まる

傾聴力は自分への傾聴力と他者への傾聴力のかけ算で決まります。

武道では心技体の3つをかけ算と捉えて、それぞれを鍛えていきます。どれか1つが欠けても全体がうまく機能しないからです。

傾聴も同じです。どちらが欠けても、傾聴の全体がおかしくなります。

そしてもし、どちらか一方がゼロならば、全体がゼロです。

傾聴迷子に共通しているのは自分への傾聴力不足です。傾聴迷子の多くは、他者への傾聴だけにフォーカスしています。それが、苦しみを生む原因だと私は思っています。

自分を傾聴できるようになると、人の話も聴きやすくなります。

また、自分を傾聴できるとさらにいいことがあります。

自分を理解してくれるセルフカウンセラーが、いつもそばにいてくれるようになるのです。

冒頭で、「いい傾聴は、聴く人を楽にする」といいました。

その理由はここにあります。

自分を傾聴してくれるセルフカウンセラーが四六時中自分の中にいてくれたら、楽になるしかないでしょう。

ロジャーズは、自分を傾聴できるようになった人に起こる変化として、次の9つを挙げています。[13]

①見せかけのものから離れる
②「べき」から離れる
③期待に応えることから離れる
④他者を喜ばすことから離れる
⑤過程であることに向かっていく
⑥複雑さに向かっていく

13 出典『ロジャーズ主要著作集3～ロジャーズが語る自己実現の道』（岩崎学術出版、諸富祥彦・末武康弘・保坂亨訳、155ページ）

⑦体験に開かれるようになっていく
⑧他者を受容するようになる
⑨自己を信頼するようになる

この9つは、他者への傾聴をする場合にも必要なものばかりです。

楽に傾聴できている人は、いつも自分の心の声を傾聴しながら人の話を聴いています。

だから、私はいつも他者への傾聴力を高めたいなら、自分への傾聴力を高めましょうと言っています。

このように日常的に自分を傾聴することを、私はセルフ傾聴®と名づけました。

傾聴迷子を卒業するには、セルフ傾聴力を高めましょう。

次章からは、日常的にできるセルフ傾聴力の高め方について紹介します。

傾聴の研修でよく出る質問

Q 他者への傾聴の練習をするときの、ポイントを教えてください

傾聴は積み重ねなので、ポイントだけで聴けるようにはなりませんが、日常生活でもできそうなポイントを次に2つ挙げます。

ポイント①　会話はペーシングから始める

ちゃんと聴こうと、意識をしすぎて感情より会話に含まれる情報と状況に意識が向きがちです。まず、やりとりできる関係がないとコミュニケーションはうまくとれません。

2人で会話できるモードをつくることが先決です。

そこで、聴き始めから数分くらいは、特にペーシングをお勧めします。

ペーシングとは、声色、速さ、トーン、強さなど話し手の雰囲気を観察し、そ

れと同じ雰囲気のあいづちをすることです。つまり話し手と「感じ」を合わせるのです。

私は、これを踊るあいづち（91ページ参照）と呼んでいます。

楽しい話は楽しく踊り、悲しい話は悲しく踊る。

静かな話は静かに踊る。

ページングを続けているとお互いの雰囲気が合ってきて、やりとりがしやすくなります。

自分の世界に入り込み、一方的に話し続けるマシンガントークをするような人には、ペーシングすることで目の前に人がいることを認識してもらいやすくなります。

また、ペーシングにより聴き手は自分の感情を動かしながら聴くので、話し手の雰囲気を体で理解できます。

よく傾聴では寄り添うように聴くといいますが、聴き手が自分の感情を話し手に合わせて動かしながら聴くことは寄り添って聴くことになります。

そのためペーシングは、話し手の姿をそのまま映し出す鏡になるだけでなく、聴き手自身が話し手と同じ感情の動きを体験することで「この人は、今このような感じをもっているんだな」と共感しながら聴く練習としても役立ちます。

ポイント②　意味、価値、ニュアンスを表す気持ちのくり返しを練習する

一生懸命聴いても「なかなか深まらない」という人は、おそらく浅いレベルの感情か事柄をくり返しています。

多くの人は、１０２ページにある「レベル３『直接的な気持ち』を聴く」で止まっています。

「感情」から「感じ」のレベルに近づいて話し手と関われるようになると、話し手自身が自分を見つめやすくなります。

ステップアップするためには、１０４ページにある「レベル４『意味や価値、ニュアンスに関する気持ち』を聴く」をくり返し練習するのがお勧めです。

レベル４までできれば、レベル５（１０５ページ参照）はあまり違和感なく進むことができます。

レベル５以降はすべて「感じ」についてのやりとりなので、そこの壁を越えると今までと違う深さで聴けるようになっているはずです。

第5章

セルフ傾聴で楽に傾聴できる人になる

セルフ傾聴とは？

傾聴する意味は、他者から傾聴されることで「話し手自身が自分を傾聴できるようになる」ことです。

ロジャーズも、「自分を傾聴できるようになった人に起きる変化」[1]を語っています。

本章で説明するセルフ傾聴とは、自分を傾聴すること、あるいはその方法です。他者への傾聴と同様に、体験、確認、内省をしていきますが、他者への傾聴とは違い、その作業を自分1人でやっていくのがセルフ傾聴です。

つまり、聴く対象が自分に変わるだけで、傾聴のプロセス（体験の鏡、確認の鏡、内省の鏡）自体は、前章の新しい傾聴の流れと基本的に変わりません。

セルフ傾聴の基本的な流れ

①〈体験の鏡〉自分の体験を心の鏡に映し出して、追体験する
②〈確認の鏡〉自分の心に映った気持ちを受け止め、しっくりくるか確認する
③〈内省の鏡〉しっくり感を内省しながら再度、追体験の意味を受け止める

1 自分が自分を傾聴できるようになったクライアントについてこのように語っている。「私がこれまで述べてきたような治療的な関係をしばらくの間経験したクライアントの変化は、セラピストの態度を反映したものになっていく。まず初めに、クライアントは相手が自分の感情に受容的に傾聴していることに気づくにつれて、少しずつ自分自身に耳を傾けるようになっていく。彼は自分の中から伝えられるものを受け取り始める。たとえば、自分が怒っていることに気づいたり、どのようなときに自分が脅威を感じるのかを認めたり、どのようなときに自分が勇気を感じるのかを理解したり、というように。自分の中で進行しつつあるものに対してより開かれるよ

自分の心の聴き方と、他者の心の聴き方が同じことが体感として理解できるようになると、他者への傾聴の理解度が増すのはいうまでもありません。

また、自分を傾聴できるようになると、今の自分の心に添った生き方を見つけやすくなります。

日常生活に忙しい私たちは、自分を傾聴するという発想をもっていません。「○○すべきだ」「○○しなければいけない」「もっと頑張れ」「成長しろ」「欠点を直せ」と、社会の常識や自分自身からの叱咤激励の中で暮らしています。

そうして自分の心の声を無視し続けているうちに「自分は何者なのか?」「何をしたい人なのか?」と、自分自身を見失いがちです。

日常的にセルフ傾聴ができるようになることで、自分との関係がよくなり人間関係のストレスが減るので、人生は生きやすくなります。

うになるにつれて、彼はいつも否認し抑圧してきた感情に耳を傾けることができるようになる。とても恐ろしく、無秩序で、正常ではなく、恥ずかしいと思ってきたので、それまでは自分の中に存在するとは認められなかったような感情に対して、耳を傾けることができるようになるのである。自分を傾聴することを学習すると、彼は自分自身に対してより受容的になれる。自分が隠してきた恐ろしい部分をより多く表現するにつれて、彼はセラピストが自分や自分の感情に一貫した無条件の肯定的配慮を向けていることに気づくのである。彼は少しずつ自分に対して同じような態度をとるようになっていく。つまり、ありのままの自分を受容するようになり、そして

自分の体験を心の鏡に映し出して、追体験する

追体験の仕方は、他者への傾聴と基本的に同じなので、復習したい場合は１３２ページをご確認ください。セルフ傾聴での追体験のポイントは次の通りです。

・ポイント①　必死にならない
・ポイント②　「かなぁ」をつけて理解する
・ポイント③　「セルフトーク」を認めて放っておく
・ポイント④　修正しながら進む
・ポイント⑤　わからない感じは尋ねる

聴く対象が自分自身なので、ポイント③だけ「聴き手の世界」から「セルフトーク」に変わります。

生成のプロセスの中で前進しようとするのである。さらに彼は、自分の中の感情をより正確に傾聴するようになり、自分に対して評価的でなくなり、より受容的になるにつれて、より自分自身と一致する方向へと向かうようになる。彼は、自分が身につけてきた仮面を脱ぎ捨て、防衛的な行動をやめ、そして本当のあるがままの姿に開かれることができるのを見出す。こうした変化が生じるにつれて、つまり彼がより自分に気づく（self-aware）ようになり、より自己受容的（self-acceptance）になり、防衛的でなくなり開かれていくにつれて、彼はついに、人間生命体にとって自然な方向へと自由に変化し成長することができるようになっている自分を見出すのであ

自分の気持ちを簡単にセルフ傾聴する方法

「自分の気持ちに耳を傾けましょう」といわれても、具体的な入り口がわからないとやりにくいでしょう。

でも、それが簡単にできる方法があります。ポイントは「セルフトークを聴く」です。

セルフトーク[2]とは、心の中の独り言「自己内発話」（筆者造語）のことです。

人は1日中、この無意識に湧き上がってくるセルフトークを聞きながら暮らしています。

例えば、こんな経験はないでしょうか。

・おいしそうなケーキがたくさん並んでいるショーケースの前で、「どれにしよっかなー」という声が、心の中で聞こえた

・明日の休日、予定が何もないことに気がついて「明日何しようかなぁ」という声が、心の中で聞こえた

・自分は悪くないのに上司から怒られて「私のせいじゃないのに」という声が、心の中で聞こえた

る（出典『ロジャーズ主要著作集3～ロジャーズが語る自己実現の道』（岩崎学術出版、諸富祥彦、末武康弘・保坂亨訳、62ページ）

2 セルフトークとは、自分自身に向けて心で行う対話や思考のプロセスのこと。自己指示、自己激励、問題解決のための内的対話など、さまざまな形態がある。セルフトークは自己肯定感やモチベーションに影響すると考えられている。本書で使用するセルフトークは、やりとりされる会話よりも、聞こえてくる独り言（自己内発話）を主な意味とする

人は、見る、聞く、話すなどのささいな経験からでも、必ず何かを感じます。

そして、その「感じ」たことは、瞬時に言葉に変換されます。

実際に声に出てくる言葉もありますが、「感じ」から生まれてきた言葉の多くは心の中だけで発せられ、心の中でしか聞こえません。

このように意識的にしゃべろうと思っているわけではないけれど、無意識に言葉が湧き上がって勝手に聞こえてくるセルフトークが、あなたの気持ちです。

- 「どれにしよっかなー」という気持ち
- 「明日何しようかなぁ」という気持ち
- 「私のせいじゃないのに」という気持ち

聞こえてくるセルフトークを理解したら、その瞬間あなたは自分の気持ちを理解したことになります。

人は無意識に1日中セルフトークをしています。特別なことをしなくても、自分の気持ちを知ろうと思えば、セルフトークからいつでも知ることができるのです。

セルフトークを聞き流していると、セルフトークに込められている自分の気持ちが理解できないまま流れて消えていきます。

気持ちの理解は、セルフトークを理解する「だけ」でいいのです。

セルフトークが、本当の気持ちなのかを確認する方法

聞こえてきたセルフトークが、本当に自分の気持ちを表しているのかを判別するには、セルフトークの語尾に「○○と、私は思っている」や「○○と、私は感じている」という言葉を足してみるとわかります。それで意味が通じれば、それはあなたの気持ちです。

- 「どれにしよっかなー」と、私は思っている
- 「明日何しようかなぁ」と、私は思っている
- 「私のせいじゃないのに」と、私は思っている
- 「なるほど！」と、私は感じている
- 「この人、何言ってるのかわかんない」と、私は感じている

ここまで説明を読んだあなたの中には今どんなセルフトークが聞こえてきたでしょうか。「なるほど！」でしょうか？「この著者、何言ってるのかわかんない」でしょうか？前者であることを祈ります。

聞こえてくるセルフトークに着目することで、セルフ傾聴を始めるきっかけがつかみやすくなります。

セルフトークが簡単にわかる「かぎ括弧」の法則

では実際に、人が自分の感じたことをどのようにしてセルフトークとして表現するのかを、例文で見てみましょう。

次の文章を読んでみてください。


ファミレスにランチを食べに来たAさん。

席につき、何食べようかとメニューをパラパラとめくり始めたら、まずミートドリアが目に留まりました。

これはどうかなぁと一瞬考えましたが、今日はドリアの気分じゃない気がしてやめました。

他にないかなぁと、メニューを行ったり来たりしています。

小エビのサラダ、ハンバーグステーキ、ピザ、カルボナーラ……。

カルボナーラ、これはないなと思いました。

でも、たらこパスタに目が留まった瞬間、これだと思って、今日のランチはたらこパスタにしました。

この文章にはAさんの心の中でセルフトークが聞こえていると思われる箇所がいくつかあります。どこでしょうか？

答えはセリフのように見えるところ、つまり「かぎ括弧」がつきそうなところを探すとわかります。

先ほどの文章に、かぎ括弧をつけてみましょう。


ファミレスにランチを食べに来たAさん。

席につき、「何食べようか」とメニューをパラパラとめくり始めたら、まずミートドリアが目に留まりました。

「これはどうかなぁ」と一瞬考えましたが、今日は「ドリアの気分じゃない」気がしてやめました。

「他にないかなぁ」と、メニューを行ったり来たりしています。

小エビのサラダ、ハンバーグステーキ、ピザ、カルボナーラ……。

カルボナーラ、「これはないな」と思いました。

でも、たらこパスタに目が留まった瞬間、「これだ」と思って、今日のランチはたらこパスタにしました。

- 「何食べようか」→モヤモヤした感じ
- 「これはどうかなぁ」→しっくり感を確認している感じ
- 「ドリアの気分じゃない」→しっくりきていない感じ
- 「他にないかなぁ」→決めきれない感じ
- 「これはないな」→違う感じ
- 「これだ」→ピッタリきた感じ

かぎ括弧をつけた部分はAさんの心の中で発せられ、心の中で聞こえていたセルフトークです。こんな風にセルフトークは、セリフのように聞こえていることが多いのです。

●他者への傾聴への活かし方

かぎ括弧の法則は、他者に傾聴する際もそのまま使えます。

話し手の発言の中でセリフのように発せられた言葉は、話し手が感じていることを表すキーワードであると考えることができます。

そのキーワードを聴き手がくり返すことで、話し手にとっては自分の体験を追体験することになり、自己理解を深めるきっかけになるのです。

Aさんが話し手で、あなたが聴き手なら次のようなくり返しの応答ができます。例文では、くり返しのさまざまなバージョンを使ってみます。

・「何を食べようかと、思ったのですね」→迷う感じへの応答
「ですね」で終わるくり返し
・「これはどうかなぁ……」→決めきれない感じへの応答
「……」で漂う感じのくり返し
・「ドリアの気分じゃない」→しっくりきていない感じへの応答
「言い切り系」のくり返し

・「他にないかなぁ……と」→いろいろ検討したい感じへの応答
「と」止めのくり返し
・「これはないな……という感じ」→違う感じへの応答
「感じ」止めのくり返し
・「これだ……これだ」→ピッタリきた感じへの応答
大事なキーワードはしっかり「2回」くり返し

自分のセルフトークを理解するのに慣れていれば、話し手の気持ちへの応答がしやすくなります。

自分を「言い聞かせる」セルフトークは聞き流す

ここまで説明してきたセルフトークは、何かを感じた瞬間に自分の中で自然と湧き上がってくる「聞こえてくる」セルフトークでした。

セルフトークには他にも、意図的に自分に何かを言い聞かせようとするときに使う「言い聞かせる」セルフトークがあります。

「頑張れ！」「あきらめるな！」「気にするな！」「しっかりしなきゃ！」「ちゃんとやらなきゃダメだろ！」「気づけ！」「欠点を直せ！」などです。

言い聞かせるセルフトークも心の中で聞こえます。しかしこれらは自分を否定するために、頭で考え意思をもって語られる自分を毒する自己否定のセルフトークです。

言い聞かせるセルフトークが聞こえてきたときは、「出てきたな」と確認した上で、そのまま聞き流しましょう。

特定のテーマについてのセルフ傾聴

次は、悩みや気になることなど、特定のテーマについてセルフ傾聴する方法を、例文を使って紹介します。

実際に、私が気になっていたロードサービスの日本自動車連盟（JAF）の会員契約を更新するか、しないかについて行ったセルフ傾聴の例です。

> 毎年4月が近づくとJAF会員の契約を更新しようか悩みます。
> 数年前に自動車を買い直したときに、ディーラーさんとの付き合いで加入しました。
> でも正直、カラオケ代が毎回5%程度割引になるだけで、他には利用しません。
> 年30回位1人カラオケに行くとはいえ、JAFの年会費には遠く及ばず、元は取れていません。お金のことだけを考えたらすぐにやめたほうがよいのは明白です。
> でも、何かやめてはいけない気がするのです。

このテーマについて考えていたとき、実際に私の心の中で聞こえていたセルフトーク「やめちゃいけない気がするんだよなぁ」（例文中のサイドライン部分）を入り口にして、セルフ傾聴を進めました。

①ＪＡＦについて頭の中でイメージを思い起こす
②思い起こすのと同時に「やめちゃいけない気がするんだよなぁ」とゆったりと何度も心の中でくり返しながら追体験を試みる
③ときどき、こんな質問を自分に投げかける
「ＪＡＦの何が気になるのかなぁ？」「ＪＡＦのどこが気になるのかなぁ？」「何かやめちゃいけない感じはどこからくるのかなぁ？」「ＪＡＦって自分にとってどんな意味があるんだろうか？」

考えて導き出そうとするのではなく、ＪＡＦについて思い浮かべながら「やめちゃいけない気がするんだよなぁ」を感じ続けます。
ただそれだけをしばらく続けていると、こんなことが思い浮かんできました。

【第1の気づき】私が小学校1年生のとき、父が買ったホンダのアコードと父の姿が思い浮かんできました。はじめてわが家にきた車に、うれしくて興奮していたのを覚えています。そのアコードの後部ガラスにＪＡＦの丸いシールが貼ってありました。

そこから私は「大切な車はＪＡＦに入っているものだ」そんな風に思っている自分がいることに気がつき、その気づきは確かにスッと、ふに落ちる感じがありました。

【第2の気づき】またしばらく、セルフ傾聴に戻ると今度は、私が小学校3、4年生の頃、母が冬山で自動車事故を起こしたことがよみがえってきました。

雪がだいぶ積もっている冬の休日に、霧ヶ峰高原にスキーに行った帰り道、母と私が乗った車がスリップして山林に突っ込んでしまったときの記憶です。

2人にケガはなかったものの、はじめての大きな自動車事故で母も私もショックを受けていました。携帯電話はなかったので、たぶん通りすがりの誰かが警察に連絡をしてくれたのでしょう。ひとけがない雪に囲まれた寒い山林の中で、心細く救助がくるのを待っていた記憶が思い出されました。確かにあのとき、ＪＡＦの車がきて母の車をけん引してくれたのです。そして、この記憶は定かではありませんが、そのときＪＡＦの車に乗せてもらって山を下りたような気がします。「そっか、いざとなったらＪＡＦが助けにきてくれるんだ」そんなことは、とうの昔に忘れていましたが、その体験が何か今回の件に関係があるような気がしました。

先ほどのセルフトーク「やめちゃいけない気がするんだよなぁ」と、「大切な車は

ＪＡＦに入っているものだ」「心細いときに助けてもらった」とを照らし合わせてみてもしっくりくるので、私が気になっていた原因の大きな部分を占めているような気がします。

もう少しだけセルフ傾聴を続けてみたら、最後にもう１つ、家族旅行か食事に行ったときに、母が「今回はＪＡＦ会員の割引で安くなったんだよ」と言っていた、その場面が脳裏に浮かんできました。これは思い込みの可能性がありますが、「ＪＡＦで得したことがある感じ」は、確かに体に残っているのです。

当初感じていた、何となくやめづらい感じの意味を、はじめて知ることができた気がしました。そして、継続するかどうかという現実の問題に対して、目先の損得だけでなく、ここで気づいた気持ちも加味した上で、すっきりした気分で継続するか否かを選択できました。このように特定のテーマについて、セルフ傾聴を使った自己探求を私は日常的によくやっています。

●他者への傾聴への応用

基本的な流れは他者の話を聴くときも、セルフ傾聴するときも同じです。

①テーマについてありありと思い浮かべる
②話し手が使っているセルフトークも手がかりにしながら、追体験を試みる
③話し手の体験に興味をもって聴く
「それについて、話し手は何が気になるのかなぁ?」

「それについて、話し手はどこが気になるのかなぁ?」

「その感じは、話し手の内側のどこからくるのかなぁ?」

「それは話し手にとって、どんな意味があるのかなぁ?」

怒りが湧いてきたときのセルフ傾聴

前の例は、好きなときに好きなテーマについて自由にできる、セルフ傾聴でした。

次は怒りやいら立ちなど、生活の中のある場面で特定の感情が湧き上がってきたときの、セルフ傾聴について説明します。

ハッキリした感情が出る前や感情が出ている最中に、自分が感じていることをセルフ傾聴すると、感情的になりすぎず、自分にも相手にも誠実に関われます。

この流れを、私が息子に腹を立てたときの実例を基にして見ていきます。

> ある日、食器洗浄機から食器棚に洗い終わった食器を移していたら、食器がだいぶ減っていることに気づきました。犯人には心当たりがあります。息子です。
> 息子は最近、食卓で食べずに自分の部屋に持ち込んで食べています。食べ終わってすぐ食器を返してくれればいいのですが返しません。だからコップと皿がどんどん減って、使いたいときに使えないのです。
> それに、しばらく放置された食器は、汚れを落とすのも大変になります。
> 何度も注意していますが、改善の兆しが見られません。

さすがにイラっときて、息子の部屋に向かいました。

案の定コップと皿が溜まり、部屋に嫌な臭いがします。

何もせず、感情的なまま息子の部屋の扉を開けたならおそらく「ふざけんな！　部屋に食器を持ってくるなって言っているだろ！」と汚い言葉を浴びせかけていたでしょう。

でも、息子の部屋に向かう途中に、すでに感じていた「ムカムカする感じ」を少しセルフ傾聴しながら部屋に向かったことで、感情的な言葉を言わずに済みました。

私は、息子の部屋に向かい始めた瞬間から「怒り出しそうな予感」を覚えていました。頭に血が上る感じがあり、心臓の鼓動が早くなり、体にワナワナとした感覚が走っていました。

「このままだと間違いなく激しく怒るぞ」そんなセルフトークが聞こえてきました。私はその「怒り」はいったい自分の内側のどこからくるのだろうかと、問いかけてみました。するといくつか心当たりが出てきます。

・何度も言うのが、面倒だと感じている

・何か言っても理解されず、自分が無視され、ないがしろにされている感じがしている
・必要なときに食器がないとわざわざ取りに行ったり洗ったりで、忙しいときは特に困ると感じている
・日々忙しいのに余計な時間をかけさせられることに、自分が邪魔をされている感じがしている

大部分は、これらで網羅されている気がしました。

特に、何回も言う手間、皿を取りに行く手間、洗うのに余計に時間がかかる手間、そういう「手間が増える」ことが嫌なのです。手間さえ増えなければ、臭かろうが何だろうが何とも思わない、だから手間が増えることにイラっとくるのは、それに困っているだけなのだと気がつきました。

次に「私はなぜ、手間が増えるとイラつくんだろうか?」となぜそのような感情にならざるを得ないのか自問してみます。そうしたら、それは普段から「毎日忙しい」と感じているから、手間が増えるのを苦痛に感じているのだとわかりました。

息子が私を怒らせているのではなくて、私の中には「忙しいから手間が増えると困る」と思っている自分がいて、そこが脅かされそうになったので怒りたくなっているのだと理解しました。

「息子の原因が半分」「自分の原因が半分」そう思えたことで、感情的になりすぎず次のように伝えることができました。

「お父さん、いつも忙しくて余裕がないからさぁ、必要なときに食器がなかったり、手間が増えたりするとイラっとするのよ。だから、食器はまめに台所に持って行って、自分で洗ってくれない？」

決して優しい口調であったとは言い切れません。でも、感情爆発モードが１００％なら30％くらいの強さです。

息子はすぐに、食器を持って台所に行きました。

息子がどう思ったかは、わかりません。

でも、感情を爆発させずに済んだこと、そして自分の気持ちを織り交ぜて伝えられたことに、あのときはあれが精いっぱいの言い方だったと自分で納得しています。

私はセルフ傾聴ができるようになったことで、イライラしながら聴くことも、感情を爆発させてしまうことも明らかに減りました。

感情的なまま関わると、後悔することが増える

なぜ自分の気持ちを伝えると感情的になりにくくなるのでしょうか。
先ほどの私の場合、自分が思っている自己概念（私は理解がある親であり、子どもとの良好な関係を保ちたい）と、実際の体験（子どもを傷つけない）が一致するからだと思います。

一致
〈自己概念〉私は理解がある親であり、子どもとの良好な関係を保ちたい
〈体験〉怒りを爆発させて攻撃せず、自分の感情を伝えられた

不一致
〈自己概念〉私は理解がある親であり、子どもとの良好な関係を保ちたい
〈体験〉感情任せに怒る

一致について、例えば「子どもが言うことを聞かないのだから、怒るのは当然だ」という自己概念があり、実際にそのように行動すれば、それは一致になるのか？　という疑問があるかもしれません。

確かに、子どもが食器を片付けないことに対して怒りを感じ、その怒りを直接的な言葉で表現することで、その瞬間の自己概念（私は怒っている親だ）と、体験（子どもが食器を片付けない）との間に一致が見られるかもしれません。

しかし、この直接的な表現は、深いレベルでの自己概念、例えば「私は理解がある親であり、子どもとの良好な関係を保ちたい」という価値観とは、不一致を生じさせる可能性があります。もし罪悪感を覚えるのであれば、深いところにある自己概念と体験が不一致を起こしていると考えるのが自然です。

改善しないで受容、共感する

人の話を聴いている最中、こんな思いになった経験はないでしょうか。

・相手の意見を否定したくなる
・相手の言い分を聴き切る前に、どうしても反論したくなる
・頼まれてもいないのにアドバイスをしたくなる

・人が話している最中に、話題を横取りして自分の知識や経験を披露したくなる

・興味がない話に気持ちが引いてしまい、ちゃんと聴く気になれない

・人の話を分析的に聴いてしまい、気持ちに耳を傾けられない

あるいは逆に、気持ちが引いてしまう聴き手もいるでしょう。

もし傾聴がうまくなりたいなら、自分の中に湧き上がってくる気持ちを抑圧したり改善したりしようとせず、むしろ「理解」してあげるのがお勧めです。

欠点を見つけて直そうという常識的な「改善思考」が、自己理解を妨げる原因になります。傾聴は欠点を見つけて、直させることではありません。

自分の中に改善思考が強く、受容・共感的思考が弱いと、他者の話を受容、共感で傾聴するときに自己矛盾が起きやすく、不一致になりやすく聴いていて苦しくなります。

苦しいときは傾聴をやめるという選択肢もあります（111ページの「レベル0：聴かない」参照）。でも傾聴をしたいなら、自己概念を一致させるためにも、困っているなら困っていると自分の感情を伝えたほうが、自分にも相手にも誠実です。

セルフ傾聴ができると、自分の感情がわかりやすくなるので自己概念に一致した表現をしやすくなります。

「すべき」と「したい」の両方を理解する

以前、ある会社の部長さんから相談を受けました。

「できの悪い新人がいます。何度言っても仕事を覚えない。間が悪いタイミングで変な質問をしてくる。そんな部下の話をどうしたらうまく傾聴できるでしょうか？」

似たような質問をよく受けるのですが、そんなとき私はこう伝えています。

「無理して聴いてもたいして上手に傾聴できませんから、そんなときは安心して傾聴をやめてください」

話し手には聴き手の行動より、聴き手が心の中で思っていることのほうがより強く伝わります。面倒くさいと思いながら聴けば、話し手にその思いが伝わってしまいます。

上司だから聴くべきという「べき思考」で、しっかり傾聴している振りだけしても、お互いに不幸になるだけです。

それなら、心と時間に余裕があるときに聴いたほうがいいでしょう。

聴く人の内側と外側が一致したときに、傾聴の効果はフルに発揮されます。

「すべき」ことをいつでも「したい」と思えたら最高です。

「すべきこと」と「したいこと」がイコールだったら、最高です。

しかし「すべき」は外側から決められる基準で、「したい」は個人の内側の願望で一致するとは限りません。

でも、「すべき」でも「したくない」こともあるし、「すべきではない」けれど「したい」ことがあるのが人生です。

「すべき」だけれど「したくない」ときは、断るという選択肢もあるでしょう。一致させたいなら、まず自分の心の声をセルフ傾聴して、「すべき」と「したい」を分けて理解することです。

「聴くべき」と思うなら、聴き方のスキルだけで乗り切ろうとしてその気持ちが態度に表れるので、たぶんうまくいかないでしょう。「聴きたい」なら、きっとうまく聴けるようになると思います。無理をするよりは、自分にストレスがかからないことを優先して、自分が聴ける状態になるまで「後10分待って」など待ってもらったほうが、相手にとっても自分にとっても賢明です。

聴く聴かないを選べるのが最高

ロジャーズは、一致をこんな風にも表現しています。

「一致とは自分の感情に近づき、気づき、必要があれば感じているそのままを正確に表現できる状態にあること」

要するに、自分の感じていることを自分の必要に応じて、自分にしっくりくる伝え方で、自由に選択できる状態が、自己矛盾がなくていいといっています。

そんなのは自己中心でわがままと思われるかもしれません。確かにわがままかもしれません。でも、よかれと思って他者中心にした結果、自分や他人を傷つけることになるよりは、わがままでいたほうが自分への誠実さを失わない分だけマシだと思います。また、自分に誠実でいると感じられていれば、人は他者をそれほどないがしろにしたがる生き物だとは思いません。

もともと人は自分の気持ちを無視しがちなので、自分も他人と同等の価値ある１人の人間として認めましょう。自分を雑に扱いすぎているマイナスを、ゼロに近づけるだけのことです。

それをわがままと呼ぶなら、かなり自己に厳しいのではないでしょうか。

自己を犠牲にしながら人の話だけ上手に聴けるほど、傾聴は簡単ではない気がしています。


傾聴にこだわる必要もそもそもないはずです。傾聴以外の自分のスタイルに合う別のコミュニケーションを選べばいいのではないでしょうか。

どうしても傾聴にこだわりたいなら、傾聴にこだわりたいその思いをテーマにして、セルフ傾聴してみるのもアリです。

ひょっとしたら心の奥底に、改善思考から抜け出したくて助けを求めて叫んでいる自分が見つかるかもしれません（過去の私のように）。

傾聴の研修でよく出る質問

Q　先にセルフ傾聴ができないと、他者への傾聴はうまくならないですか？

先か後かは考える必要はありません。セルフ傾聴と他者への傾聴は常に一心同体で、心技体の相互作用です。

本来両方を同じ価値があるものとして学習することが望ましいですが、他者への傾聴にだけ力を入れてきたという人が多くいます。そういう人は、今から自分への傾聴力を高めていけば、相互作用が増し傾聴力全体が上達します。

Q　セルフ傾聴などできなくても、気持ちを込めて聴けば十分ではないでしょうか？

気持ちを込めないで聴く人もたくさんいることを思えば、気持ちを込めて聴くだけで十分価値があるようにも思えます。しかし、聴き手自身が自分のことを受容、共感、つまりセルフ傾聴できないで他者の話を聴いていると、主に次のような問題が発生し、ゆがんだ鏡や汚れた鏡で聴くことになってしまいます。

・聴き手に承認欲求が起こる
・聴き手の個人的な体験と照らし合わせて、わかったつもりになる
・自己満足的な感覚になる（メサイアコンプレックス）

人間関係は、自分と自分との関係が映し出された鏡ですから、自分で自分を傾聴できる分しか他者の傾聴もできない、というのが私の個人的な経験からの考えです。

気持ちを込めるかどうかだけでなく、どんな質の気持ちを込めるかが大切です。傾聴では「相手の存在をそのまま映し出し、理解しようとする気持ち」が必要です。このような気持ちを込めて聴けば、話し手自身も自分自身を傾聴できるようになります。それこそが、真の傾聴による支援といえるのではないでしょうか。

Q 傾聴を会社の仕事に使いたいだけなので、セルフ傾聴は必要ないのではないでしょうか？

私はビジネスパーソンこそ、セルフ傾聴が必要だと思っています。
なぜならビジネスは顧客の気持ちが理解できなければ、うまくいかないからです。
そもそもビジネスをしたらなぜお金がもらえるのでしょうか？
「問題を解決するから？」「付加価値を提供するから？」どちらも正しいと思い

ます。

人、物、金、サービスを通して喜びや安心といった「しっくり感」の提供、もしくは不安やストレスといった「モヤモヤ感」の解消をするから、お金を払ったことに納得してもらえます。しっくり感やモヤモヤ感とは「感じ」のことです。

お客さんが同じ商品を何度もリピートしてくれるのは、しっくり感があるからです。

うちの傾聴協会のメンバーには企業のコールセンターに勤めている人が多数います。

例えば、お客さんが購入した商品が破損していた場合、交換するだけでは納得してもらえない場合があるそうです。商品を新品に交換（事柄）してもらっても、事柄に対する気持ちが解決されなければクレームは続きます。

気持ちの解決を主題にせず、事柄だけで対応するから、気持ちを無視し続けていることになり、さらにクレームが悪化するのです。

物を売るときに必要な顧客の満足も理屈は同じで、顧客の心を解決することがビジネスのテーマそのものです。だからビジネスマンには傾聴が必須なのです。そして、自分の心が傾聴できないと、人の心も傾聴できないのでセルフ傾聴が必要になるのです。

「自分への傾聴」と「他者への傾聴」の両方を大切にしている学習者の声

ここでは、当協会で「自分への傾聴」と「他者への傾聴」の両方を大切にしている学習者のみなさんが、セルフ傾聴を学んでどんな変化を感じているのか紹介します。
ロジャーズがいう「自分を傾聴できるようになった人に起きる変化」に重なるものがあることがわかってもらえると思います。

※名前は仮名です。

内部顧客との面談における変化

キャリアコンサルタントの資格を取り傾聴は学んだものの、キャリアサポートの現場で活用する自信がありませんでした。これまでは「何を聴いたらいいんだろう……」とおっかなびっくりの傾聴だったのですが、傾聴にフォーカスできるようになり、前よりだいぶクライエントの話を落ち着いて聴くことができるようになりました。

（シュリさん・相談業務従事者・女性）

自分と親子関係の変化

まずは内面で自分と向き合い、1～2年後位から自分の存在を認め、そのまんまを愛することができるようになりました。今は本来の自分を出して生活することで、自分がどう感じどう思うか、傾聴で「自分実験」をしています。傾聴を始めたとき、娘の傾聴が最大の難関だったので娘に認められたらいいなぁと思っていました。今は「母は聴いてくれる人」と認めてくれたのでうれしいです。

（ひよさん・女性）

電話相談における変化

自分の気持ちを横において、話し手の話に集中できるようになったことで沈黙が怖くなくなりました。ボランティアの電話相談員をやっていて、話し手が言葉を探しているとき、焦らずに待つことができるようになり、気持ちにゆとりがもてるようになりました。大学生の息子と進路の話をすることが多いのですが、子どものペースで話が聴けるようになり、自分の意見を前面に出すことが減り、彼の考えていることがよくわかるようになりました。前よりよく話をするようになりました。

（やっこさん・ボランティア・女性）

カウンセラー資格合格者の変化

自分と違う意見やわからない話をされたとき、共感的に聴こうとすることで自分の意見を言いたくならないで聴けることが増えて、聴くストレスが減りました。キャリアコンサルタント、ＥＡＰメンタルヘルスカウンセリングの資格が取得できました。

（トモさん・試験受験者・女性）

自分との関係の変化

聴けた実感よりも聴けなかったときがわかるようになった。ネガティブな感覚を消すことをしなくなった。代わりにネガティブな感覚がハッキリするまで待てるようになった。自由に生きられるようになったのは、人に期待しなくなったのと、自分との相談ができるようになったからだと思っている。

（アニキさん・自治体職員・男性）

感情における変化

ある感情を抱いたときに、心でそのまま感じるケースが意識的・無意識的に関係なく増えた。それによって、頭で考えての対処（負担）が減って、善しあしなどの識別をすることなく、そのまま感情を受け止めることができるようになりつつある。ストレスを感じることが減ってきた。

（マッハさん・経営者・男性）

相談業務中の変化

相談中に解決策のない話題が出ても、自分自身が動揺せずに聴き終えることが増えた。伝え返した際に話し手に「違う」といわれることを失敗と感じていたが、今は伝え返しで認識のずれを埋めていくことが増えた。また、話し手への願望と、そう思わせる自分の気持ちを分けられるようになってきた。職場での人間関係の悩みを録音して聴くことで願望と気持ちを分け、悩みからくるネガティブな気持ちが小さくなった。通常の会話でも思ったことや疑問に感じたことをスムーズに伝えられることが増えた。今まではマニュアル通りのあいづちと伝え返しがメインで、話題が広がらないことが多かったので少し成長できている気がする。

（てぃーこさん・相談業務従事者・女性）

自分の見方の変化

傾聴を学び、自分にとても厳しかったことに気づいた。でも、学んだ後は徐々に自分を受容できるようになりつつある。そして、コミュニケーションに自信がもてて、人づきあいが楽になった。

（キラさん・心理職・女性）

意欲の変化

これまでは、やってみたいことがあっても躊躇していたが、やりたいことはやるようになった。

（ワームさん・カウンセラー資格保有者・男性）

第6章

セルフ傾聴力を鍛えるワーク

自分に対する受容・共感力を鍛えるワーク

本章では、セルフ傾聴力を高めるためのワークを5つ紹介します。また、未収載の3つのワークは、購入者特典としてダウンロードができます。詳しくは、本書の巻頭、xivページをご覧ください。

ワーク① 体を感じるための基本ワーク

【目的】自分の体にある感じに、意識を向けてみる

傾聴で大切な「感じ」に慣れていくための第一歩です。流れは、まずは自分の下半身を感じ、下半身の中で気になる部分に意識を向けて、その感じを言語化してみます。最初から最後まで4分間で行ってください。

(1)「下半身」に意識を向ける

・腰から足の裏まで下半身全体に意識を向けて、温かい、冷たい、ヒリヒリする部分があるなどどんな「感じ」の動きがあるかを感じます。

意識の向け方は、腰〜足の裏（腰、尻、太もも、膝、すね、足首、足の甲、足の指、足の裏）が1つの塊であるかのように捉え、全体を眺めます。

感覚的なものなのでわかりにくいかもしれませんが、例えるなら、宇宙から地球全体を眺めているイメージです。宇宙に行ったことはありませんが、宇宙から地球を眺めると動きがない大きな塊にしか見えません。しかし、実際には雲、波、人、飛行機、車などが動いています。地球全体を眺めながら「何か動いているものはあるかなぁ」「どんなものが動いているかなぁ」と、全体のどの部分に何があるか存在を確認していきます。

あるいは、「大自然の中で少し遠くに見える大きな山を、じっくり凝視する感じ」「高原の中にポツリとある大きな池を、じっくり眺めている感じ」も表現として近い感じがします。

ポイント1　一生懸命に感じを探し回らないで、自然と感じが見つかる（出てくる）のを待つ

ポイント2　1つ感じられてもそれにとらわれないで、下半身の全体を感じ続ける

ポイント3　下半身のどこに、どのような感じがあるのかを感じながら、全体的にその感じを味わう

（2）「気になる1か所」に意識を向ける

何となく気になる1か所を絞り、そこにある感じを十分に味わいながら、その感じを表現するのにしっくりくる言葉を探します。

例えば、足の裏に生暖かい感じがあるとき、次のように問いかけてみてもいいでしょう。

「この生暖かさは、何に近い感じだろうか？」「どんな言葉で表現できるだろうか？」

問いかけながら、その生暖かさを正確に表現できそうな、具体的な場面やイメージを探します。

（3）言語化する

自分の感覚をできるだけ具体的に言葉で表現します。言葉にすると、生暖かい感じにも、いろいろな種類があることがわかります。

例　足の裏に「丸1日使い終えた使い捨てカイロを踏んづけているような」生暖かい感じがある

例 足の裏に「ヘアドライヤーの弱風を吹きかけているような」生暖かい感じがある

想像力を豊かに表現しようとするのではなく、あくまで自分の内側にある感情にピッタリくる言葉を探します。

言語化するときのポイントは、〇〇の感じが「する」ではなく、〇〇の感じが「ある」ということです。感じが「する」は、外部の刺激や状況が原因となって引き起こされる受動的な感覚のニュアンスが含まれます。

一方、感じが「ある」は、その感覚が自分の内部に存在するという前提に基づくので、内面の存在を認識して受け入れるという積極的なプロセスがイメージできます。

言語化によって自己認識が深まり、より繊細な内面の探求が可能になると考えられています。

(4) 同じ作業をくり返す

終了するまでの4分間、(1)～(3)の動作をくり返します。

(5)「頭～背中周辺」「首の下～下腹の内側(内臓)」も同様に

下半身が終了したら、頭～背中周辺の上半身(頭、顔、目、鼻、口、耳、首、肩、背中、腕、手の甲、手の指、手のひら)、その次に、首の下～下腹の内側(内臓)の順に、下半身と同じく4分間で(1)～(4)の動作を行います。

ロジャーズは、人間の経験は思考や感情に限られるものではなく、身体的な感覚も含む全人格的なものであると考えました。特に内臓の感覚は、自己認識と経験に関わる重要な側面であり、それを理解することが全体的な自己理解につながると考えたのです。

感情や心理的な状態がしばしば身体的な感覚として表れます。ストレス、不安、喜びなどの感情は内臓の感覚としてよく表れることがあります。

内臓の感覚に注意を払うことで、自分自身の内面の状態をより深く理解することができるのです。

ワーク②　事柄についての感じ

【目的】事柄を思い浮かべたときに起こる体の反応から、体と心がつながっていることを知る

体に起きた感じを言語化する点においてはワーク①と同じですが、ワーク②はある特定の事柄を頭の中で思い浮かべたときに起こる体の感じを言語化します。

テーマは自由に決めていいですが、はじめのうちは「大嫌いな人」「大好きな食べ物」「うれしかった場面」「今気になること」などがいいでしょう。

特定の事柄を思い浮かべたときに起こる体の反応について、「〇〇（部位）に、〇〇な感じがある」と言語化してみます。

ポイントは、特定の事柄を思い浮かべたときに、それが「きっかけ」で変化が起きた体の反応を言語化することです。思い浮かべたときにすでにあった感じや、心臓の鼓動など自然にある感じを言語化するのではありません。

× 大好きな食べ物を思い浮かべたとき、すでに手のひらがポカポカする感じがあった

○ 大好きな食べ物を思い浮かべたら、手のひらがポカポカしてきた

私は今でも、営業職時代に苦手だった人のことを思い浮かべるだけで、頭のてっぺんと手のひらから血の気が引いて、スーッと冷たくなってくるような感じがします。

また、パクチーが嫌いなのでパクチーを食べてしまったときのことを思い浮かべると、胸の全体に50匹ぐらいのムカデがいて、それが時計回りにザワザワと動き回っているような感じがします。

ワーク③ 鏡に向かって「私最高！」と言ってみる

【目的】ある出来事を経験したときの自分の感じ方に気づく

人は何かの場面に遭遇したときに、必ず何かを感じます。

次のことを行い、後に出てくる2つの「感じ」を確認してみましょう。

「鏡を見る」

⬅

「口角を上げて笑顔をつくる」

⬅

「鏡に映っている自分に『私最高！』と3回呼びかける」

(1) 「私最高！」と自分から言われて、どんな感じが体に残っているかを確認する（スッキリ感？モヤモヤ感？）

(2) なぜそのような感じになったのか検討してみる

ワーク④　文章の修正

【目的】ある事柄について、自分が何を感じているかを知る

次の短い文章を読んで、しっくり感と違和感の両方を感じてみてください。

（1）あなた自身について

・あなたは、人間です
・あなたは、ネコが好きです
・あなたは、パクチーが嫌いです
・あなたは、ゴキブリを手で触ることができます

（2）この本の感想について

・すごく面白い
・傾聴について、心理学的な裏づけが細かに書かれている
・とても説得力がある
・この本のおかげで人生が変わることは間違いなし

（1）は自分自身がすでに持っている事柄的な事実について、（2）は「この本を読んだ」という事柄を、どう受け止めているかについての設問です。

ピッタリくればしっくり感が、ピッタリこなければ違和感が、ピッタリくる部分とそうでない部分が混ざっていれば微妙なモヤモヤ感が表れるはずです。

たぶん「あなたは、人間です」を読んだときは、「その通り」と疑いなくしっくり感があったでしょう。この本について「すごく面白い」といわれると、ちょっとしっくりこない感じがあるかもしれません。

「あなたは、ゴキブリを手で触ることができます」を読むと、ゴキブリが苦手な人は思わずその場面が想起されて、ゾクゾクする感じが走り、怖いという感情を覚え

たかもしれません。そして、私はそうではないと、ずれた感じを修正したい欲求が生まれ、具体的に修正する言葉が出てきます。

このように欲求や思考のはじまりは、すべて「感じ」です。日常生活はすべてこの「感じ」を中心に動いているのがわかってもらえたでしょうか。

ワーク⑤ 短所と長所

【目的】「感じ」を比較してみる

あなたの短所と長所を書き出して、そこから受ける感じを確認するワークです。

（1）短所を書き出す

4分間で、自分の「短所」をできるだけたくさん紙に書き出してください。たくさん書き出すことが目的なので、途中であきらめずに、時間いっぱいに使って書き出してください。

（2）長所を書き出す

新たな紙に「短所」と同じく、4分間で自分の「長所」をできるだけたくさん書き出してください。

（3）短所と長所の数を見比べる

短所と長所の数を見比べます。その数を比較してどう感じるか、体の感じを確認してみてください。

例 長所が多い↓意外に多くて「驚いた感じ」

例 短所が多い↓短所ばかり出てくる自分に「がっかりした感じ」

例 同じ位↓よくも悪くもない「平穏な感じ」

(4) 短所についての体の感じを確認

1. 「短所」の紙をパッと見て気になるものを1つ選び、それについて心当たりがある過去の場面を1つ思い浮かべます
2. じっくりとその場面を思い浮かべながら、ときどき、そのときの体の感じに意識を向けてしばらくとどまってみます
3. 「短所」から他に気になるものがあれば、2と同じく思い浮かべて体の感じを確かめます

(5) 長所についての体の感じを確認

短所の1〜3と同じことを行い、体の感じを確かめます。

聴いてもらう体験も大事

傾聴力を高めるためには、他者への傾聴もセルフ傾聴もどちらも大事ですが、もう1つのお勧めは「傾聴されてよかったと思える体験」をたくさん積むことです。傾聴された体験がないのに、傾聴しようとするのにはかなり無理があります。

いくら理論に沿った傾聴であっても、聴き手により聴き方は異なるので、いろいろな人に聴いてもらうのがいいでしょう。

また、話し手になって自分の感じたことを聴き手に話すのは、人の感じていることを聴く能力に直結するので、聴く練習にもなります。

傾聴の練習会で仲間と聴き合うのは、しないよりはしたほうがいい場合もあります。しかし、しっかりした軸やサポートがないので、それだけに頼るのはお勧めしません。みんなでワイワイ、ガヤガヤやる草野球は楽しいですが、草野球ではプロの技術が身につかないのと同じです。個別にちゃんと聴いてもらう体験を積んでください。

自分が聴かれた体験が多ければ多いほど、「こういう聴かれ方はいいな」とか「こういう聴かれ方は嫌だな」という自分の好みが明確になり、自分らしい聴き方が見つかりやすくなるのも、私がお勧めする理由です。

傾聴の研修でよく出る質問

Q　感じることが苦手です。どうしたらいいでしょうか？

感じにくくなる原因としては、幼少期に感情表現を抑制されたり、否定されたりする環境で育った場合、感情表現が苦手になる可能性があると指摘されています。

また、虐待やネグレクトなどのトラウマ体験も感情をにぶらせることがあります。

医師や看護師など人の死に近い職業の人や、親から厳しくしつけられて育った人の中には、感じすぎてストレスを受けるのを防ぐため、感じないようにして無意識に自分を守っているケースもあります。

また、感情を抑え込む生活を続けていると、失感情症（アレキシサイミア）[1]を発症する人もいます。

こういった環境にいる中で感じやすくなることはむしろ危険なので、そういう人は、今はまだ、無理に感じやすくならないほうがいいでしょう。

しかし、例えば退職した看護師のように、もう危険がないのに感じるのが苦手なままという人もいます。長年の習慣で感じにくくなっているなら、感じやすくなるのにも習慣が必要です。

そういった場合は、少し時間がかかるかもしれませんが、本章で紹介したワークの中で、やりやすいものから始めてみてください。

1 失感情症（アレキシサイミア）とは、自分の感情をうまく理解したり、それを言葉で表現したりするのが難しい状態。症状として「感情を言葉にするのが苦手」「他の人の気持ちを理解することが難しい」「将来の夢や空想することが少ない」「具体的なことに焦点を当てる傾向がある」「感情を身体的な感覚として感じることが多い」など。失感情症は、遺伝的な要因や脳の発達に関わる先天的な要因と、心的外傷やストレスの高い環境、感情を表現することが許されない環境など、後天的な要因の両方があると考えられている

おわりに

傾聴は聴き方ではなく生き方

この本の主訴であるメインテーマは「いい傾聴は、聴く人を楽にする」でした。

自分を傾聴できる人から傾聴してもらえば、聴いてもらう人も当然、深く傾聴してもらえて楽になる。

このシンプルなロジックで、傾聴迷子を世界中から1人でも減らすための本でした。

私は、傾聴を学び始めて7年が過ぎたころ、ようやく自分への傾聴の大切さに気づき、それ以来「傾聴を生きている自覚」があります。

人の話を上手に聴けているかどうかは、いまだによくわかりません。

でも、自分の心の声を聴けるようになった分、人の話を断然聴きやすくなった。

それが、傾聴を始めて20年で身につけた唯一の能力です。

傾聴は、空気によく似ています。人間は1日に約2万回呼吸をするそうです。

空気によって生かされているのに、空気を意識することはほぼありません。

同様に、みんな1日に何万回も「感じ」ながら生きているはずなのに、それを意識することはほぼありません。

あえて意識しないと気づくことができない。でも、意識すればちゃんと気づくことができる、それが傾聴です。

この本を読んで、自分に傾聴ができていないのに他人に傾聴しろという、無理難題を自分に突きつけていた自分に気づいた人もいるかもしれません。

その人はぜひ、今までの自分を反省して改善を試みるのではなく、受容・共感思考で自分を受け止めてあげてください。それが、本当の聴き上手になるための大切な一歩です。

また、この本を読みながら、自分が知っている知識と違うとか、この考えは受け入れたくないという思いが出てきた人はぜひ、そのモヤモヤ感をセルフ傾聴してみてください。

あなたに見つけてもらうのを待っている、そう感じざるを得ないあなたがきっと自分の中から見つかります。

最後に、出版にご尽力いただいた翔泳社の倉橋京子様、アンケートにご協力いただいた340人の協会認定の傾聴サポーターのみなさん、専門的な学びを日々頂戴している明治大学の諸富祥彦先生、関西大学の池見 陽先生、そして20年前に自分を大切にする傾聴との出会いをくださった、優しくも厳しくもある師匠の平井智子先生に感謝申し上げます。

30代は、傾聴を伝えることで精一杯でした。

40代は、傾聴を使って楽に生きられる人生に満足していました。

50代になった私のテーマは、傾聴への恩返しです。

あなたがこの本を手に取ってくださったおかげで、傾聴への恩返しの第一歩を踏み出す息吹を吹き込むことができました。ありがとうございます。

「いい傾聴は、みんなを楽にする」

この大切なメッセージを最後にお届けして、傾聴迷子から脱出する旅を終わりにします。

あなたの未来が素晴らしい傾聴の人生になりますことを心より願っています。

傾聴により命を与えられた人　岩松正史

主な参考文献

・『カール・ロジャーズ カウンセリングの原点 角川選書649』（諸富祥彦著、KADOKAWA）

・『傾聴・心理臨床学アップデートとフォーカシング―感じる・話す・聴くの基本』（池見 陽著、ナカニシヤ出版）

・『ロジャーズ主要著作集３～ロジャーズが語る自己実現の道』（諸富祥彦・末武康弘・保坂 亨訳、岩崎学術出版社）

・『ロジャーズ主要著作集２～クライアント中心療法』（保坂 亨・諸富祥彦・末武康弘訳、岩崎学術出版社）

・『ロジャーズ主要著作集１～カウンセリングと心理療法―実践のための新しい概念』（末武康弘・保坂 亨・諸富祥彦訳、岩崎学術出版社）

・『カール・ロジャーズ入門　自分が"自分"になるということ』（諸富祥彦著、コスモス・ライブラリー）

・『カール・ロジャーズ』（ブライアン・ソーン著、諸富祥彦・岡村達也・三國牧子・上嶋洋一・林 幸子訳、コスモス・ライブラリー）

・『カール・ロジャーズとともに：カール＆ナタリー・ロジャーズ来日ワークショップの記録』（畠瀬直子・畠瀬 稔・村山正治編、創元社）

・『ロジャーズ選集（上）：カウンセラーなら一度は読んでおきたい厳選33論文』（H.カーシェンバウム／V.L.ヘンダーソン編、伊藤 博・村山正治監訳、誠信書房）

・『カール・ロジャーズ静かなる革命』（カール・R.ロジャーズ／デイビッド・E.ラッセル著、畠瀬直子訳、誠信書房）

・『ロージァズ全集４~サイコセラピィの過程』(カール・R.ロジャーズ著、伊藤 博編訳、岩崎学術出版社)

・『人間尊重の心理学』（カール・R.ロジャーズ著、畠瀬直子訳、創元社）

・『フォーカシング』（ユージン・T.ジェンドリン著、村山正治・都留春夫・村瀬孝雄訳、福村出版）

・『フォーカシング指向心理療法の基礎』（内田利広著、創元社）

・『フォーカシング指向心理療法（上）』（ユージン・T.ジェンドリン著、村瀬孝雄、日笠摩子・池見 陽・村里忠之訳、金剛出版）

・『ロジャーズの中核三条件 一致：カウンセリングの本質を考える１』(本山智敬・坂中正義・三國牧子編著、村山正治監修、創元社)

・『A Way of Being(English Edition)』（Carl R.Rogers、Houghton Mifflin Harcourt、Kindle版）

・「クライエントの体験過程様式の推定値とセラピストが認知した面接経過の関係について」『サイコロジスト：関西大学臨床心理専門職大学院紀要』（大橋梨乃・池見 陽著、2017）

本書内容に関するお問い合わせについて

このたびは翔泳社の書籍をお買い上げいただき、誠にありがとうございます。弊社では、読者の皆様からのお問い合わせに適切に対応させていただくため、以下のガイドラインへのご協力をお願い致しております。下記項目をお読みいただき、手順に従ってお問い合わせください。

●ご質問される前に

弊社Webサイトの「正誤表」をご参照ください。これまでに判明した正誤や追加情報を掲載しています。

正誤表　https://www.shoeisha.co.jp/book/errata/

●ご質問方法

弊社Webサイトの「書籍に関するお問い合わせ」をご利用ください。

書籍に関するお問い合わせ　https://www.shoeisha.co.jp/book/qa/

インターネットをご利用でない場合は、FAXまたは郵便にて、下記"翔泳社 愛読者サービスセンター"までお問い合わせください。
電話でのご質問は、お受けしておりません。

●回答について

回答は、ご質問いただいた手段によってご返事申し上げます。ご質問の内容によっては、回答に数日ないしはそれ以上の期間を要する場合があります。

●ご質問に際してのご注意

本書の対象を超えるもの、記述個所を特定されないもの、また読者固有の環境に起因するご質問等にはお答えできませんので、予めご了承ください。

●郵便物送付先およびFAX番号

送付先住所　〒160-0006　東京都新宿区舟町5
FAX番号　03-5362-3818
宛先　（株）翔泳社 愛読者サービスセンター

著者紹介

岩松　正史（いわまつ・まさふみ）

一般社団法人日本傾聴能力開発協会 代表理事、365日24時間オンラインで傾聴練習ができるコミュニティ「傾聴大学」学長、心理カウンセラー、傾聴講師、公認心理師、キャリアコンサルタント、産業カウンセラー他。2005年に傾聴専門の講師として「聴く人が楽になる傾聴」を伝える傾聴1日講座®を開始、約20年間で開催は1440回を超える。個人面談、引きこもり支援NPO、就労支援施設での相談業務、企業や社会福祉協議会での研修など、傾聴を活かした活動多数。後進の育成に注力し、認定傾聴サポーター®は350名（44都道府県3か国）に達する。年間300回以上の講師を務めることから、愛称は「よくしゃべる聴き上手」。著書に『「ねえ、私の話聞いてる？」と言われない「聴く力」の強化書――あなたを聞き上手にする「傾聴力スイッチ」のつくりかた（第2版）』（自由国民社）、『その聴き方では、部下は動きません。』（朝日新聞出版）などがある。

一般社団法人日本傾聴能力開発協会
https://jkda.or.jp/

装丁――大下賢一郎
装丁イラスト――大下日向乃
本文デザイン・DTP――BUCH+

心理学に学ぶ鏡の傾聴

2024年6月24日　初版第1刷発行

著　者	岩松 正史
発行人	佐々木 幹夫
発行所	株式会社 翔泳社（https://www.shoeisha.co.jp/）
印　刷	公和印刷 株式会社
製　本	株式会社 国宝社

本書へのお問い合わせについては、225ページの記載内容をお読みください。

造本には細心の注意を払っておりますが、万一、乱丁（ページの順序違い）や落丁（ページの抜け）がございましたら、お取り替えいたします。03-5362-3705までご連絡ください。

ISBN978-4-7981-8429-6　　Printed in Japan